Actitudes y *Altitudes*

La dinámica

del liderazgo

del siglo XXI

Pat Mesiti

TALLER DEL ÉXITO

CONTENIDO

INTRODUCCIÓN

Cuando uno solicita a varias personas que definan la palabra liderazgo, por lo general obtiene una variedad de respuestas. Muchos dicen que el liderazgo tiene que ver con cualidades como la visión, el valor, la credibilidad y la determinación. No obstante, yo sinceramente creo que el liderazgo primordialmente tiene que ver con el ser humano mismo. Los líderes permiten que los individuos hagan lo que necesitan hacer de la forma más productiva y beneficiosa. El liderazgo tiene que ver con las personas, de principio a fin.

Uno no puede considerarse a sí mismo un líder si no tiene seguidores. El mejor cumplido y logro que puede obtener un líder es que sus seguidores reflejen sus cualidades positivas y su visión. Lo opuesto también es cierto. El liderazgo deficiente, por ejemplo, la falta de integridad, que tan frecuentemente asociamos con los líderes del presente, también se replica en sus seguidores.

Nuestras actitudes respecto al liderazgo determinan la altitud, tanto de nuestro liderazgo como de nuestros seguidores. La actitud despierta el entusiasmo y la determinación y produce empoderamiento. La práctica de los principios de liderazgo reproduce en los seguidores grandes cualidades. El liderazgo bien ejercido produce un efecto poderoso en las personas.

> *El liderazgo tiene que ver con las personas, de principio a fin.*

Más que cualquier otra cosa, el liderazgo se refiere a la capacidad para conducir a las personas a algún lugar. Tiene que ver con suministrar dirección, propósito, guía y sentido de logro. Por lo tanto, el líder es un servidor. Los líderes ayudan a la gente a lograr el máximo impacto de sus esfuerzos. Si su propósito es el de motivar a otros a alcanzar grandes metas entonces el liderazgo es para usted. En una ocasión Walter Lippman dijo: *"La distinción final de un líder es que logre trasmitir a otros la convicción y la determinación de lograr las metas".*

Los líderes deben tratar a otros como si estuvieran en el lugar donde debieran estar. Los líderes deben conocer hacia donde se dirigen las personas. Los líderes ayudan a otros a convertirse en todo aquello que sean capaces de lograr. Por lo tanto, los líderes deben cultivar en sí mismos las habilidades necesarias para ayudar a otros a alcanzar sus metas. El liderazgo siempre está ligado a las relaciones.

En mis seminarios y conferencias siempre estoy en contacto con la gente y mi objetivo es lograr entablar una relación con mi audiencia. Me esfuerzo por desarrollar una conexión con las personas. De lo contrario, no lograría conducirlos a ninguna parte. Lo mismo es cierto respecto a construir una relación personal con la gente que trabaja para mí: me intereso por ayudarles a maximizar su potencial humano, de modo que logren crecer. Dos elementos vitales son dar dirección y construir la relación; y ambas cosas implican desplegar varias cualidades específicas.

Este libro tiene como propósito ayudar a construir grandes personas a través de las relaciones. El líder relacional es una de las grandes necesidades de nuestros tiempos. Los líderes que logran relacionar, unir, estimular, servir, son quienes hacen que otros logren alcanzar el potencial de su vida. Los líderes relacionales no sólo estimulan a otros a hacer su mejor esfuerzo, sino que les muestran que pueden lograr mucho más de lo que creen, mediante sus habilidades naturales. Los líderes relacionales producen individuos que tienen el valor de emprender una tarea aun si no tienen la experiencia, y hacen que lo logren, porque el líder es capaz de motivarlos de tal modo que alcancen sus metas.

El liderazgo tiene que ver con emprender la acción y motivar a otros a hacer lo mismo. El liderazgo no se basa sólo en asumir una postura y expresar convicción. Las posiciones y los títulos vienen y van. La acción y las relaciones son los distintivos del liderazgo verdadero; estos duran para siempre.

No puede haber liderazgo si no hay personas. Ellas son el corazón, el alma, el espíritu de una organización y sin ellas no hay necesidad de líderes. Por lo tanto, los líderes son los responsables de hacer que las personas utilicen sus fortalezas. Los líderes son los encargados de formar a la siguiente generación de líderes. Necesitan enfocarse en lo que los individuos pueden llegar a ser. Deben tener la capacidad para identificar a aquellos con potencial para el futuro, necesitan prepararlos, desarrollarlos, entrenarlos, nutrir sus ideas, concepciones, visiones y finalmente deben lograr motivarlos. Si la gente no cuenta con la motivación correcta, no va a llegar a ningún sitio.

El líder relacional debe darse cuenta que la gente continuamente está cambiando o evolucionando. Yo creo que todos los seres humanos pueden desarrollar y evolucionar sus propias habilidades de liderazgo. La gente siempre está en un estado constante de cambio y desarrollo, o aumentando o disminuyendo su nivel de efectividad. Los buenos líderes se relacionan bien con los seguidores, los entrenan y los capacitan, convirtiéndolos en personas valiosas e industriosas.

> *"La función del liderazgo es producir más líderes".*
>
> Ralph Nader

Con el fin de maximizar las capacidades de su personal, así como para ayudarles a superar sus deficiencias, los líderes deben fortalecer y retroalimentar positivamente a sus colaboradores. Para lograrlo, ellos deben entender que necesitan construir las relaciones. Si se quiere lograr algo realmente bueno, las relaciones deben constituir algo mucho más importante que la estructura o la administración de la organización. Las estructuras jerárquicas casi no tienen nada que ver con establecer la confianza y el respeto.

La gente logra maximizar su potencial cuando establece un vínculo relacional con los líderes que están dispuestos a dedicar tiempo a desarrollar la confianza, la cual se produce a partir de las relaciones y es el resultado del intercambio de habilidades de una persona a otra; no es algo que surja simplemente a partir de la estructura o de la jerarquía. La confianza es el pegante organizacional que une a las personas. Uno puede ser el jefe y esperar que su personal lo apoye; no obstante, si lo que se desea lograr es construir un gran equipo de colaboradores, entonces tendrá que trabajar en edificar la confianza. Es como acertadamente lo escribieron Warren Bennis y Bert Nanus: *"La confianza es el vínculo emocional que une a líderes y colaboradores"*.

Resulta asombroso cuando un equipo de fútbol, compuesto por estrellas, pierde un campeonato. Una cosa es tener campeones en el equipo y otra muy distinta es un equipo de campeones. El líder relacional no sólo dirige al equipo con campeones sino que construye al equipo de campeones. Dicho equipo debe fluir y trabajar armónicamente sobre la base de la confianza y el respeto mutuos.

> *"La misión máxima del liderazgo es lograr el crecimiento y el desarrollo de las personas".*
>
> Harvey S. Firestone

Ningún equipo funciona sobre la base de la visión y el emprendimiento individual. Esto más bien se logra mediante el emprendimiento y la visión corporativa, la cual debe fomentar la construcción de la interdependencia en vez de fomentar la independencia. Los líderes que logran construir equipos fuertes, ayudan a su personal a ser interdependientes, a trabajar en unidad a medida que cada miembro logra ser exitoso a nivel individual. Este líder sabe que ningún individuo tiene todas las respuestas, ni tampoco todas las destrezas.

En este libro usted aprenderá la forma de obtener lo mejor de las personas tanto a nivel individual como a través del trabajo en equipo. Usted descubrirá los principios dinámicos del liderazgo efectivo. Al dominarlos usted logrará construir un gran equipo de colaboradores y su visión logrará expandirse de forma ilimitada.

Este es un libro de principios por los cuales regirse. Suelo decir con frecuencia: *"La vida es una serie de principios. Si uno rige su vida basado en ellos, se beneficiará de los principios que practique".*

Escuche esto: el líder relacional es quien construye grandes seres y grandes sueños. Él es capaz, de acuerdo al lenguaje inmortal de la serie *Viaje a las estrellas*, de motivar a la gente a *"ir valerosamente a donde nadie ha ido jamás"*. John D. Rockefeller lo expresó muy apropiadamente cuando dijo: *"El buen liderazgo consiste en mostrar a la gente común que puede lograr hacer el trabajo de la gente superior".*

> *"Ninguno de nosotros es más inteligente que todos nosotros juntos".*
>
> Ken Blanchard

Al líder del siglo XXI, al líder relacional, u otra designación que queramos darle, no sólo le interesa que la gente alcance sus metas. Lo que desea es que maximice su potencial y cumpla su destino. Cualquier logro menor no será lo suficientemente bueno.

Por ello es que el liderazgo consiste en servir. Hay ocasiones en las que se tiene que dar dirección firme a algunas personas que han perdido su ruta en la vida. En otros momentos, lo que se necesita es brindar estímulo y apoyo; y hay otras situaciones en las que ser líder implica asesorar y recomendar. Los líderes ayudan a otras personas a descubrir o traer a flote habilidades que estaban adormecidas o latentes dentro de sí. El liderazgo incluso se puede manifestar aun cuando los seguidores no logran ver sus cualidades innatas. Pero el punto clave aquí es que el líder siempre debe manifestar el deseo de servir a otros.

En vista de lo anterior, la función del líder es absolutamente diversa. No obstante, siempre constará de los siguientes ingredientes: servicio y relación.

Los líderes también saben cuándo y cómo tomar riesgos. Peter F. Drucker dice: *"El valor, más que el análisis, es el factor verdaderamente importante al momento de establecer prioridades".* Proyéctese hacia el futuro en vez de permanecer en el pasado. Concéntrese en las oportunidades más que en los problemas. Escoja ir en su propia dirección en vez de intentar tomar el tren de la multitud, y apunte a un objetivo alto y sublime. Y más que optar por lo "seguro" y fácil, apunte hacia aquello que logra la diferencia.

¿Ha observado que cuando la gente habla sobre las cosas negativas de sus líderes pocas veces mencionan los errores concretos que ellos han cometido? Lo que con frecuencia se escucha es hablar de patrones de comportamiento indeseables. Por ejemplo: *"Él está demasiado ocupado para indicarme sobre cómo puedo mejorar"; "Ella se atribuye todos los créditos"; "Él motiva a través del temor"; "Ella siempre me menosprecia"; "Él es indeciso".* Los ejemplos anteriores reflejan una relación pobre y un comportamiento deficiente. No obstante, la gente casi nunca critica cuando un líder da un paso adelante, toma un riesgo y fracasa. De modo que este libro es acerca del coraje de dar el paso adelante y llevar la delantera. Frederick Willcox dijo: *"El progreso siempre implica asumir riesgos".*

> *"Yo no solamente utilizo todas las mentes que tengo a mi disposición sino que también pido prestado de otras mentes".*
>
> Woodrow Wilson

Por supuesto, decir que la gente no suele hacer una lista de nuestros errores no implica que los líderes debamos ignorarlos. Tenemos la responsabilidad ante nuestros seguidores de ser lo mejor que podamos ser. ¿Qué dice usted? ¿Está demasiado ocupado para cambiar? Entonces, *deberá apartar el tiempo para ello.* Recuerde que el liderazgo tiene que ver con servir a otros. Si en el pasado usted ha manifestado patrones de comportamiento negativos, entonces deberá desaprenderlos. Lo que es más, usted puede reemplazarlos con conductas positivas. Este libro ayuda mucho a lograr este cometido.

Mi convicción es que al aprender y practicar estos principios, usted logrará comunicarse con mayor eficacia, motivar mejor, inspirar más, y por encima de cualquier otra cosa, relacionarse con mayor éxito. Usted puede convertirse en el líder de los líderes. Sin embargo, no trate de ser el jefe. Ser líder tiene muy poco que ver con eso. El líder que intenta sentarse en el trono y regirse por la filosofía *"Yo soy el líder, ustedes son los plebeyos"*, necesita escuchar las palabras de Napoleón: *"El trono es sólo una banca cubierta con terciopelo".* De modo que, a medida que lea este libro, le animo a estar dispuesto a desarrollar una actitud de servicio.

> ## Usted puede convertirse en el líder de los líderes.

Y ahora que hablamos de Napoleón, no me diga que está demasiado ocupado como para comprar este libro y leerlo. Observe el relato a continuación:

> *"Conquistó el mundo con una mano, lo reformó con la otra; Napoleón solía salir apresuradamente de la ciudad al campo de batalla y de este nuevamente a la ciudad con energía maniática. Su carruaje, especialmente equipado, se desplazaba por los caminos mientras, el Córcega diminuto se sentaba dentro a escribir notas. Un nuevo código legal antes del almuerzo, y luego, docenas de instrucciones para sus mariscales de campo, proclamas, edictos, cartas de amor.*
>
> *Los funcionarios de correos se apresuraban a interceptar el carruaje; traían mensajes. Después, se iban con la misma prisa a entregar las epístolas imperiales al campo de batalla o a sus arqueólogos en Egipto o a la emperatriz Josefina, cómoda en su hogar en Malmaison. Después de leer un documento, Napoleón lo rompía en pedazos y los arrojaba por la ventana. Hacía lo mismo con los libros. Una vez los había leído, los arrojaba del vehículo imperial como si fueran proyectiles de artillería, y el camino, una vez se desvanecía el polvo, quedaba lleno*

de basura, como si un Hansel demente hubiese decidido que esta vez
no estaba resuelto a perderse del camino". (Revista TIME.)

De modo que si Napoleón hacía todo lo que estaba a su alcance
para mantenerse en comunicación con las personas que deseaba, usted puede hacer lo mismo.

Finalmente, ¿por qué escribí este libro? Porque he sido líder
por varios años y este tema me apasiona. He podido ver de primera
mano la influencia que un buen líder puede tener sobre los demás
para el beneficio de todos. También, he pasado por el proceso de
aprender a ser un líder relacional, de modo que este libro no es un
asunto de teoría. Es un libro de acciones hecho para gente ejecutora
de acciones. ¡Disfrútelo!

CAPÍTULO 1

EL LÍDER Y SUS SEGUIDORES

El cuidado de las personas que usted dirige debe ser la prioridad más allá de su propio bienestar. Como líder su meta primaria debe ser la de cumplir con su misión; sin embargo, la segunda prioridad es el bienestar de sus seguidores. Después de todo, sin ellos usted no podrá ser un líder.

Un líder hace que sus seguidores también lo sean y que logren ser más productivos. Los líderes ayudan a su personal a desarrollar un mayor sentido de logro y a establecer un sentido de pertenencia. Conseguir esto implica desarrollar cualidades muy positivas, como por ejemplo, llegar a entender qué es lo que motiva a los individuos y saber exactamente qué es lo que ellos necesitan para cumplir con sus tareas. Del mismo modo, es importante descubrir cómo conservar la lealtad de sus colaboradores.

Lo primero que tiene que entender el líder, como lo destaca Napoleón Hill, es que quien llega a tener éxito no lo alcanza por sí mismo o por sus propios méritos únicamente. Hill, en su investigación descubrió que todo aquel que alcanza el éxito, lo consigue mediante la ayuda de otros.

Ken Blanchard dice: *"Ninguno de nosotros es más inteligente que todos nosotros juntos".* Todo aquel que alguna vez ha escalado hasta la cima, en algún momento, se ha beneficiado de la contribución que le han hecho otras personas. Woodrow Wilson lo expresó del siguiente modo: *"Yo no solamente utilizo todas las mentes que tengo a mi disposición, sino que también pido prestado de otras mentes".* Sin dicho apoyo, la grandeza y el éxito se convierten en algo ilusorio.

Yo he aprendido esto por experiencia propia. Me encanta escribir libros. Sin embargo, dentro de mis grandes fortalezas no está tipografiar. Afortunadamente, mi asistente personal, Brownyn, dice que ella está desarrollando ese arte. Para llegar a donde quiero, necesito la ayuda de Brownyn y de mi administrador de empresas Graeme; los dos tienen grandes habilidades en áreas de destreza diferentes a las mías.

Este es el principio de la sinergia en acción: cuando se obtiene la suma total de nuestros dones y talentos, trabajando juntos, se consigue algo superior a todas y a cada una de las partes individuales. La sinergia es imperativa para el liderazgo. Y los buenos líderes saben cómo promoverla.

El buen liderazgo atrae a otros. Sin embargo, una vez que los líderes han atraído a esos otros, deben desarrollar continuamente sus habilidades para hacer que los seguidores se sigan proyectando aún más allá de lo que han logrado. Por lo tanto, uno de los grandes atributos que debe tener un líder es la influencia.

Los líderes ayudan a las personas a trabajar en cooperación para el beneficio mutuo. Ellos capacitan a sus seguidores para alcanzar sus propias metas, y en el proceso, los seguidores ayudan a sus líderes a conseguir sus metas. Todo esto crea una dinámica mutua fascinante en el ambiente de trabajo.

¿Cómo logra usted que otras personas le sigan? ¿Y cómo puede usted seguir capacitándolos para que sigan observando su guía y con el tiempo ellos mismos lleguen a

Ninguna persona exitosa alcanza el éxito sin la ayuda de otros.

ser líderes? En este primer capítulo deseo bosquejar algunos principios vitales del líder relacional. Estos principios se basan en tres conceptos clave: *dirección, el significado y su efecto, y la formación de grandes personas.*

ESTABLEZCA LA DIRECCIÓN

Uno de los principios más importantes para lograr tener liderazgo exitoso a largo plazo es *establecer la dirección*. Si usted sabe y entiende hacia donde va, la gente estará dispuesta a seguirlo. Por lo tanto, es un asunto vital, establecer la dirección de forma clara y concisa.

Asegúrese de que esa dirección sea medible, consistente y alcanzable. El liderazgo, consiste en conducir a las personas y eventualmente llegar a un lugar predeterminado de antemano por usted. No se trata de conducir a la gente al fracaso.

Los líderes que cambian constantemente de dirección confunden a sus seguidores. El liderazgo sin dirección no es en realidad liderazgo. La gente no puede seguir a un líder si en realidad no saben a donde se están dirigiendo.

No obstante, los líderes que saben a donde se dirigen, convocan y retienen en su equipo de trabajo a las personas de calidad. Los líderes van siempre delante de las personas que dirigen, sin embargo, los mantiene a la vista. Los seguidores necesitan saber que cuentan con una dirección fuerte y consistente.

Cómo suministrar dirección

Hace poco estuve conduciendo mi vehículo detrás de un amigo quien conoce todos los atajos de la ciudad, sólo que tiene un pie un poco pesado para el acelerador. De modo que en el tráfico de las horas pico es muy difícil de seguir, especialmente cuando tú no sabes cuando va a tomar un giro. ¡Gracias a Dios existen los teléfonos celulares!

El punto de esta analogía es para reiterar de nuevo que uno debe hacerle saber a la gente a donde la está llevando. Thomas A. Stewart dijo en su revista Fortune: *"La primera razón por la que los líderes fracasan es porque se suben al poder sin entender y sin recibir entrenamiento sobre cómo utilizarlo".* Si usted está a cargo de suministrar dirección, asegúrese de hacerlo.

En mi propia experiencia como líder de una organización he comprobado que para construir un liderazgo dinámico se necesita una dirección clara. Como resultado, nuestra organización ha logrado alcanzar nuevos niveles de éxito, logro, innovación y creatividad. Mi equipo de liderazgo está compuesto de excelentes personas que entienden la dirección en la que vamos.

Y el fijar una dirección no es sólo un asunto de simplemente hablar sino también de auténtico entrenamiento. A los soldados no se les dictan charlas sobre cómo prepararse para el combate; ellos reciben entrenamiento para este. Adquieren experiencia práctica y aprenden haciendo.

Aprenda a reconocer, a formar y a proyectar a un líder

John Maxwell escribió un libro maravilloso, *Desarrolle los líderes que están alrededor de usted (Developing The Leaders Around You).* Él escribe: *"Se necesita a un líder para conocer a un líder, para formarlo, y para luego proyectarlo".*

En los primeros años escolares los niños participan en un juego llamado "Mostrar y contar". Los líderes necesitan aprender este principio que se practica en el jardín infantil. Permítame explicarlo a continuación.

Cuando era más joven trabajé en una fábrica con mi padre. Él estaba a cargo de una línea de ensamblaje de una empresa que producía máquinas cortadoras de césped. Recuerdo muy bien el primer día que vi la línea de ensamble. Parecía la peor tarea imaginable. Me ubicaron para trabajar al lado de alguien que sabía cómo ensamblar una parte específica de la máquina cortadora de céspedes. Yo no tenía experiencia en ensamblar nada, pero este operario me mostró cómo hacerlo. Primero lo observé haciéndolo. A continuación me permitió hacerlo bajo su supervisión. Él corrigió mi estilo —¡o más bien mi falta de estilo! Entonces, con el tiempo, lo logré. Después yo mismo enseñé a otros cómo hacerlo. ¡Mostrar y contar!

> El liderazgo consiste en conducir a las personas y eventualmente llegar a un lugar predeterminado de antemano por usted.

El líder relacional establece la dirección en la que se debe avanzar. Al hacerlo, se multiplica a sí mismo y todo el grupo se hace más efectivo. Quienes reciben entrenamiento están en condiciones de producir a otros líderes, los que a su vez se harán aún más eficaces.

La base de todo lo anterior se fundamenta en la dirección que usted mismo determine.

Existen muchas organizaciones que cuentan con una gran estructura pero con un liderazgo muy deficiente. Su fracaso está asegurado. También hay otras con una estructura inadecuada —quizás hasta muy pobre— pero se hacen grandes porque cuentan con grandes líderes. El buen liderazgo genera crecimiento sin importar el tipo de estructura de la organización. ¿Por qué? Porque el liderazgo crea dirección mediante el desarrollo de las relaciones con los seguidores. En consecuencia, los seguidores hacen su parte y alcanzan las metas.

Permítame decir esto la última vez para añadir énfasis: para desarrollar a las personas y proyectarlas, primero se debe fijar la dirección.

EL SENTIDO DE PROPÓSITO Y SU EFECTO

El segundo principio que debemos entender es que los seguidores necesitan un *sentido de propósito*. Nada motiva más a la gente que sentir que se es útil e importante.

"La primera razón por la que los líderes fracasan es porque se suben al poder sin entender y sin recibir entrenamiento sobre cómo utilizarlo".

Revista Fortune

Esto no significa que el líder manipula los asuntos mediante una agenda oculta. Los líderes deben creer genuinamente que sus colaboradores *son* valiosos e importantes.

Cuando los líderes logran comunicar esto de forma efectiva, la gente va y asume sus propios desafíos así como también lo hacen los demás miembros de la organización. Este sentido de propósito produce desarrollo. Por ejemplo, los participantes de los juegos olímpicos sienten el llamado de ir y enfrentar los desafíos para conseguir la medalla de oro, y ello construye el sentido de propósito.

Una contribución significativa

El sentido de importancia y significado es una motivación más poderosa que el dinero, que la posibilidad de ser promovido en el puesto de trabajo o que las condiciones laborales. Nada de lo anterior importa; lo realmente importante es lograr hacer una contribución significativa.

Tiempo atrás mientras trabajábamos para la juventud, hubo un momento en que experimentamos bastante presión financiera. Sin embargo, a pesar de las circunstancias ningún miembro de nuestro equipo renunció. Sabían que la situación estaba candente pero, ¿qué hicieron? Enfrentaron la situación y trabajaron aún con más empeño. Presentaron ideas creativas para aumentar nuestra eficacia.

¿Por qué reaccionaron de esa manera? Yo creo que fue porque sintieron que estaban haciendo la diferencia en la vida de otras personas, sin pensar en la retribución económica que ello implicara.

> El buen liderazgo genera crecimiento sin importar el tipo de estructura de la organización.

Como líder a usted le corresponde generar este sentido de propósito, es decir, darles a las personas una razón para continuar haciendo lo que están haciendo. Después de todo, la motivación que se dé para seguir la guía es tan importante como el saber en qué dirección se avanza. De hecho, probablemente sea más importante, y eso se debe a que la *razón* genera *propósito*. Esa es la cuasa por la cual las organizaciones que reconocen y honran el logro siempre tienen seguidores. Lo que hacen es darle a la gente un sentido de propósito y significado.

Los porqué y los qué

El propósito y el significado son los *porqués* de una organización. No obstante, la organización nunca debe confundir los porqué y los qué. Permítame explicar esto un poco mejor.

El por qué de una organización se refiere a su *propósito* y a su *misión*. En otras palabras, el por qué se hace lo que se hace. Esto es lo que *motiva* a la organización. El qué de una organización se define como la tarea específica que debe hacerse para satisfacer el *por qué*. El propósito suministra la motivación; la tarea transforma en realidad esa motivación. Recuerde esto: las tareas nunca pueden ser tan motivantes como el propósito mismo de la acción. Estas son la grasa del engranaje, pero el engranaje es el propósito. Lo que necesita hacerse es motivado por el *por qué* se hace.

En muchas ocasiones debo hacer presentaciones en reuniones de trabajadores que operan en red. Me gusta observar cómo la gente que obtiene un reconocimiento evidencia un sentido de logro mientras camina hacia el palco para recibir el merecido reconocimiento de su labor. Esto crea en ellos un sentido de propósito y aprecio por sus esfuerzos. Los motiva y anima a continuar trabajando por sus metas a corto, mediano y largo plazo. Y a medida que obtienen reconocimiento, desarrollan un mayor sentido de que están alcanzando el éxito. Y, ¿por qué ocurre esto? Simplemente porque entienden que son importantes, de modo que actúan en consecuencia.

El enfoque entonces debe ser siempre el propósito. Cuando seguidor y líder trabajan juntos para desarrollar un propósito en común, empieza a desarrollarse un sentido de equipo. Cuando los seguidores y los líderes, se hallan motivados por el sentido de propósito, se involucran en una relación de equipo, en la cual no temen trabajar duro para alcanzar su máximo potencial.

Viviendo por la causa

Uno de nuestros eventos recientes atrajo a miles de jóvenes. Como siempre, ofrecimos consejería para quienes lo requirieran. Yo me detuve por un instante mientras observaba a los consejeros de mi equipo atender a los jóvenes que abrían su corazón y expresaban sus preocupaciones, temores y luchas internas. Uno de los miembros de mi equipo dijo: *"Me moriría por esto"*. Yo me giré y le dije: *"Mejor, ¡vive por esto!"*

Eso es lo que el significado implica. Ayuda a las personas a ser creativas y a estar alerta a las nuevas ideas que les pueden ayudar a extender y complementar sus fortalezas y a minimizar sus deficiencias.

LO QUE SE LOGRA AL TENER UN SENTIDO DE PROPÓSITO

El significado produce lealtad

El líder que imparte un sentido de propósito a sus seguidores desarrolla en ellos lealtad, tanto de forma individual como colectiva. Su lealtad se caracteriza por una disposición y un deseo de lograr un cambio a nivel personal, aunque ello implique dolor o sacrificio.

De ese modo logran "perseverar" en vez de "darse por vencidos", ya que se encuentran involucrados de forma activa con el éxito y el desarrollo de la organización. Los que tienen una mentalidad de venir e ir,

> El propósito motiva; las tareas realizan el propósito.

están allí por el trabajo, por la promoción. No hay nada malo en eso. Pero hay algo de mayor calidad que el líder debe impartir y cultivar en los seguidores, y eso es el sentido de *fidelidad*.

Como líder, nunca subestime el valor de crear un sentido de propósito en sus seguidores. Cuando este se cultiva, se produce la lealtad, lo que a su vez produce significado corporativo, unidad y trabajo en equipo; y ello se convierte en la plataforma de éxitos futuros.

¿Subordinados o colaboradores?

Cuando firmó la Declaración de Independencia, Benjamín Franklin dijo: *"Debemos permanecer juntos o debemos permanecer separados"*. Su equipo de trabajo no se compone de *subordinados*; se compone de *colaboradores*.

Nicolás Maquiavelo dijo en una ocasión: *"El mejo método de medir la inteligencia de un gobernante consiste en considerar el tipo de hombres de quienes se rodea"*. Cuando usted le confiere a la gente un sentido de propósito, ello no solamente levanta su espíritu, sino que también obra en contraposición al sentido de jerarquía.

Si alguien en una organización o negocio siente que es un subordinado y por consiguiente que es menos que los demás, se desempeñará a su menor nivel de estima. Mi recomendación es que usted se asegure que las personas que le rodean no se sientan como *subordinados* sino como *colaboradores*.

Debe animárseles a ser apoyadores de la visión, y colaboradores del liderazgo. De la misma manera, usted deberá ser también un colaborador de sus sueños, aspiraciones y metas.

Como resultado, usted desarrollará una organización con un propósito común. Y ese propósito no sólo resultará en el éxito de la organización, sino también en el éxito de los individuos dentro de la organización, en todas las áreas de su vida.

El significado construye el trabajo en equipo

> La disposición de fidelidad de un líder hacia su equipo de colaboradores, hace que todos ellos puedan perseverar durante los tiempos difíciles.

Cuando se construye un sentido de propósito unificado no se debe dejar lugar para rivalidad amarga entre los miembros del equipo. Muchos de nosotros hemos escuchado la música hermosa de los Tres Tenores. En un artículo publicado en Atlantic Monthly (edición de noviembre de 1994), un periodista estuvo forzando el tema de la competitividad entre Carreras, Domingo y Pavarotti. Esto fue lo que dijo Domingo: *"No podemos ser rivales cuando estamos haciendo música; lo que debes hacer es concentrar toda tu atención en abrir tu corazón hacia la música".*

El equipo debe ser siempre más importante que la gratificación individual de un individuo. Henry Kissinger lo expresó de la siguiente manera: *"Lo que está causando mucha discordia entre las naciones es el hecho de que algunos quieren tocar el gran tambor, pocos están dispuestos a soportar la música, y nadie está dispuesto a tocar el violín de fondo".*

Los líderes deben inspirar a sus equipos para que estos puedan...

- Tener una *visión* unificada de sus objetivos.

- Manifestar el vínculo de la *unidad*.

- Interactuar como equipo bajo el vínculo de la *amistad*.

- Tener unidad de *propósito*.

- Ganar como equipo y *celebrar* por ello.

- Comunicarse como equipo con total *franqueza*.

- Sentir *empatía*.

- Obtener *productividad*.

- Impartir *estímulo* a los miembros del equipo.

El sentido de propósito produce fortaleza

Las personas que actúan bajo un sentido de propósito lo hacen desde una posición de fortaleza y no de debilidad. Su interés está en apoyar y fortalecer a su líder; están unidos en el cumplimiento de un propósito en común. Hacen su mejor parte, no porque el líder los motive a ello, sino porque están motivados desde su mismísimo interior.

Cuando las personas tienen un sentido de propósito, dan un valor agregado al líder porque ellos han agregado un valor para sí mismos. De esta manera las organizaciones se hacen fuertes y saludables, y los seguidores crecen mediante el empoderamiento y el cumplimiento de su propósito.

El sentido de propósito genera confianza

Warren Bennis y Bert Nanus comentan: *"La confianza es el pegamento emocional que vincula a los colaboradores y a los líderes en un sólo propósito"*. Cuando los líderes imparten un sentido de propósito, los seguidores sienten confianza. Y cuando ellos sienten que se confía en ellos cultivan la confiabilidad. De modo que cuando el ego de un seguidor se asoma por el camino, él o ella están en mejores condiciones de poner su ego a un lado, debido a que comprenden que son parte de un propósito mucho más grandioso que el ego personal.

"No podemos ser rivales cuando estamos haciendo música; lo que debes hacer es concentrar toda tu atención en abrir tu corazón hacia la música".

Placido Domingo

Es sorprendente saber que los líderes que inspiran a las personas a alcanzar un propósito muy frecuentemente cosechan a cambio un propósito de parte de ellos. Los seguidores se convierten en motivadores. Usualmente, cuando hago un esfuerzo por inspirar y animar a otros líderes diciéndoles cuán sobresalientes son y el increíble trabajo que hacen, ellos a su vez parecen tener justo las palabras que yo necesito para recibir estímulo.

Y esto es simplemente el viejo principio de sembrar y cosechar. Si usted siembra propósito y significado en las personas, entonces cosecha propósito y significado de parte de ellas. Usted está formando una relación de puente y confianza que otros estarán dispuestos a cruzar.

Diez principios para desarrollar confianza

1.   Permita la diversidad dentro de la unidad.

2.   Asigne responsabilidades y felicite los resultados.

3. Exprese verbalmente la confianza y sea siempre franco y honesto.

4. Felicite en público, corrija en privado.

5. Déjelos experimentar, crecer y aprender.

6. Permita la expresión de las ideas y la implementación creativa.

7. Anime a manifestar iniciativa.

8. Fije límites a la responsabilidad, a la autoridad y a la delegación de tareas.

9. Nunca reprenda a sus colaboradores cuando el tema no esté lo suficientemente claro.

10. Comparta la gloria, no la concentre en usted solo.

El sentido de propósito estimula la responsabilidad

Quienes cuentan con sentido de propósito están en posición de evaluar su propio desempeño y con frecuencia logran identificar cuándo se están desviando de su nivel de compromiso, eficiencia y eficacia. Cuando alguien tiene sentido de propósito, está en condiciones de monitorear su propio desempeño.

El sentido de importancia y de significado impulsa en los colaboradores el deseo de mejorar en *todas* las áreas del trabajo, y les permite acrecentar sus habilidades, conocimientos, pasión, visión y celo. Ahora bien, nada de esto se presenta sin darse una lucha emocional; no obstante, cuando los colaboradores van tras un objetivo bajo un sentido de propósito, impulsado por su líder, no se desanimarán por las inconveniencias que puedan enfrentar. Y aun si eso llega a suceder, el líder podrá ayudarles a enfrentar el desafío con mayor sentido de propósito.

Cómo vencer los temores

En uno de nuestros eventos de Pascua estábamos preparando la presentación de un nuevo equipo musical. Una de las cantantes quien había sido una vocalista secundaria, se vio enfrentada a convertirse en la nueva líder del grupo vocal.

Esta joven talentosa experimentó temor con la idea de estar al frente del escenario. Sin embargo, hoy en día es una de las líderes más dinámicas y versátiles que hemos tenido en nuestros eventos. ¿Qué le permitió hacer la transición de ser una persona de participación secundaria a convertirse en la líder del grupo? El sentido de propósito y de responsabilidad. Ella pudo superar su lucha emocional, su renuencia hacia el liderazgo, y ahora, ejercerlo es algo que emana de ella naturalmente.

Cómo crecer hacia la grandeza

Cuando los líderes tienen sentido de propósito, saben cuándo y cómo afilar el hacha. Uno puede quedar totalmente exhausto si no ha afilado su herramienta.

Afilar el hacha tiene que ver con asegurar que los valores de los colaboradores estén incorporados en los valores de la organización. Los líderes necesitan conocer los deseos y los sueños de las personas. Con frecuencia se escucha decir: *"A la gente no le interesa cuánto sabe su líder, sino hasta cuando logran saber cuánto se interesa él por sus metas, sueños y deseos".*

La confianza es el pegante organizacional que une a los líderes y a los colaboradores.

Este es el catalizador del éxito. Es muy importante que los líderes averigüen qué es lo que desean lograr sus colaboradores. Y como el líder de la relación con sus colaboradores usted deberá, no solamente saber qué es lo que la gente necesita, sino también lo que ellos necesitan hacer para crecer hasta el punto que deseen. Así es, dije: *"Crecer hasta el punto que deseen".*

No simplemente, "llegar". Ellos necesitan crecer para alcanzar sus sueños.

Para lograr esto, los líderes deben proveer ciertas cosas que sus colaboradores necesitan para crecer. Esto se puede asemejar a regar una planta. Los líderes son en algún sentido como jardineros. Primero deben proveer una sensación de seguridad. Logran esto mediante proporcionar dirección firme. A continuación deben tener la capacidad de dar un sentido de propósito. Esto se logra mediante impartir significado y proyección. De igual forma, deben ser ágiles para servir como mentores en la relación, y ponerlos en contacto con diferentes tipos de ayudas —por ejemplo, libros, programas de audio, y conferencistas que puedan motivarlos. Los líderes deben tener la disposición para entrenar, no simplemente enseñar, a sus colaboradores en todas las áreas del crecimiento personal.

Creer en la gente

Para llegar a conferir a su personal un sentido de responsabilidad, los líderes deberán creer en sus colaboradores así como en sus habilidades. Y debemos hacer la diferenciación entre estas dos cosas. A veces es posible creer en la gente pero no en sus habilidades. En otros casos, es posible creer en las habilidades de la gente pero no en la persona.

Creer en la gente y en sus habilidades requiere de familiaridad y confianza. Familiaridad significa estar lo suficientemente cerca como para conocerse.

Los líderes desarrollan las destrezas para confiar en que las personas son capaces de hacer lo que se requiere de ellas. Los líderes deben ser pacientes. Si algunos no tienen dicha capacidad en el momento, los líderes ofrecen el tiempo y la retroalimentación necesarios para ayudar. El tiempo que usted como líder dedica a favor de ellos, les confiere sentido de propósito y confianza, tanto en ellos mismos como en sus habilidades. Se requiere que usted dé de sí mismo como una inversión que hace en ellos.

Cómo construir la confianza con responsabilidad

Existen cuatro claves para construir la confianza con responsabilidad:

1. *Comunicación abierta.*

2. *Compartir las debilidades y las fortalezas.*

3. *Hacer a los colaboradores responsables mediante la relación y no mediante reglas.*

4. *Ser abierto y vulnerable.*

La última clave, vulnerabilidad, puede sonar a debilidad; pero permítame explicar este punto. Recuerdo cierta ocasión en la que estaba almorzando en la compañía de un ministro prominente de nuestro país. Cuándo le pregunté cómo iba su iglesia, él me dio la respuesta estándar: *"¡Todo va fantástico!"*

Pero yo sabía que había algunas dificultades. Sus asistentes me lo habían comentado. Entonces mencioné que yo había atravesado momentos difíciles. De modo que él me miró y me dijo: *"Déjame ser franco contigo..."* y continuó expresándome sus luchas y desafíos. La franqueza se dio como resultado de ser vulnerable.

CÓMO CONSTRUIR PERSONAS GRANDIOSAS

La construcción de la dirección y el sentido de propósito, con sus consecuentes beneficios de lealtad, fortaleza, confianza y responsabilidad, hacen parte de la construcción de las personas del grupo al que se dirige. En una ocasión, Henry Ford dijo: *"Pueden tomar mis fábricas, quemar mis edificios, pero denme a mi gente y ellos harán resurgir el negocio una vez más".* La gente es la que causa el crecimiento, no las estructuras, los edificios, ni siquiera los planes comerciales.

La función del líder es la de hacer que la gente crezca. El desarrollo de la gente es la clave.

Todos necesitamos estímulo

El estímulo es el combustible que inspira el sentido de valía de las personas. El refuerzo positivo es absolutamente esencial, para hacer que la gente se sienta apreciada. A todo el mundo le encanta recibir estímulo. Suministre estímulo tanto en público como en privado. Simplemente, ¡hágalo! El estímulo logra que los sentimientos de valía se mantengan fuertes. Y cuando sus colaboradores reciban estímulo, se convertirán en un gran bien para usted como líder y para toda la organización en conjunto.

Anime a la gente a trabajar por sus sueños. Es muy importante mantener el gran cuadro en mente, el entero horizonte en la mira. Con bastante frecuencia la gente se queda atrapada en los pormenores de la vida, en lo trivial de la tarea inmediata que hay que resolver, y no toman un poco de distancia para ver la enormidad de lo que están haciendo.

> **Un líder necesita conocer los deseos y los sueños de sus colaboradores.**

Cuatro claves para suministrar estímulo

1. Dé estimulo verbal.

2. Recompense el esfuerzo.

3. Elogie en público.

4. Agradezca su gestión y sus habilidades.

En nuestra organización, aunque mi personal realiza diferentes tareas durante varias horas del día, siempre nos esforzamos por mantener el gran cuadro en mente. Hace poco nos reunimos para celebrar una reunión de pre-producción antes de un evento grande.

Yo inicié tocando una canción que utilizaríamos esa noche.

Inmediatamente todo el mundo captó la gran escena. Les dije: *"En este punto un cantante hará esto. Al final de la canción tendremos a la audiencia mostrando las pancartas. Entonces haremos que la asistencia se involucre en participar".* Ellos captaron la forma como obró la canción y pudieron visualizar la respuesta que tendríamos de varios miles de personas asistiendo al evento. Ellos dieron un paso atrás, para tomar un poco de distancia, para ver el gran cuadro.

En este sentido ellos lograron captar lo que sería la realización del evento, a pesar de que todavía faltaban varios meses para que ocurriera. Ellos pudieron ver el resultado final y se sintieron animados a ir tras él.

Soñar el gran cuadro agregó en ellos sentido de propósito, lo que les dio estímulo para trabajar con tesón en el proyecto.

LAS GRANDES PERSONAS NECESITAN APOYO

En cualquier organización, la gente debe tener un sistema de apoyo. La gente necesita toda clase de apoyo: apoyo con el suministro adecuado de equipos para el desarrollo de su trabajo, apoyo en relación con algunas habilidades específicas, apoyo en relación con las situaciones de familia, y apoyo en creer en su visión y en sus sueños.

Uno de los dones olvidados de los grandes líderes es suministrar a la gente un sentido de apoyo, especialmente en el entorno de un equipo. Si usted es líder, asegúrese de suministrar apoyo.

Los tres aspectos del apoyo

1. *Apoyo de los compañeros.* Permita que los compañeros y otros miembros de la compañía suministren apoyo.

2. *Apoyo de recursos.* Suministre a sus colaboradores todo lo que necesitan para hacer el trabajo.

3. *Apoyo emocional.* Comparta con ellos su sentir, sus oídos, sus emociones.

Dado que yo comparto mucho con líderes corporativos y líderes comunitarios, he encontrado que los problemas más importantes que ellos enfrentan no son los del flujo de caja o de trayectoria profesional. Son más bien problemas relacionados con la familia, la salud, el matrimonio —es decir, son las crisis del día a día lo que más les perturba. Los líderes deben dar apoyo emocional. Por supuesto, usted no deberá estar involucrado en cada detalle de las vidas de las personas. Sin embargo, un líder fuerte escucha y da apoyo.

Las grandes personas tienen iniciativa

Los líderes deben permitir que su personal manifieste iniciativa. En la mayoría de las organizaciones, equipos, negocios, iglesias, etc., la gente teme demostrar iniciativa. Se hallan reprimidos en cuanto a productividad. ¡Yo amo la iniciativa! ¡Me fascina cuando las personas toman la iniciativa y toman la delantera para hacer cosas que implican pensamiento y creatividad!

Si usted desea que la gente siga su dirección, debe asegurarse de que su estilo de liderazgo no eclipse su iniciativa. No se sienta amenazado cuando otros manifiesten iniciativa; más bien, construya sobre esta. Un líder amenazado no puede liderar, y un ego amenazado es la fórmula segura para que otros eviten seguir su liderazgo.

> **Los líderes deben confiar en que su personal es capaz de hacer lo que se requiere de ellos.**

La iniciativa y sus límites

Recientemente hablé con un grupo de personas y les pregunté qué consideraban que un líder podía hacer para estimular la iniciativa. Muchos de ellos dijeron que el líder debería *establecer límites* e informar hasta dónde podrían llegar por su cuenta.

Resultó interesante considerar que los límites no restringen a las personas sino que las ayudan a liberar su iniciativa. Obtienen libertad para actuar sin sobrepasar los límites. Esto es muy importante.

Sin embargo, es el líder quien debe establecer los límites. Cuando no se establecen límites, los colaboradores no saben cuando han ido demasiado lejos. Los límites deben ser bastante claros. Otro asunto que resaltó el grupo que entrevisté, fue que el líder no debe anular a sus colaboradores o pasar por encima de ellos. Aquí es donde la confianza entra en el cuadro.

> La gente obtiene confianza para manifestar iniciativa mediante la experiencia, a través del tiempo y mediante el estímulo constante.

¿Dónde se origina la iniciativa?

La iniciativa surge cuando la gente está familiarizada con la tarea a realizar. La gente obtiene confianza para manifestar iniciativa mediante la experiencia, a través del tiempo y mediante el estímulo constante.

La iniciativa también florece cuando la gente reclama *autonomía*. A la gente le gusta utilizar la iniciativa con motivación, no forzadamente, sabiendo de antemano el resultado final. De modo que es importante permitir la autonomía y animar a que se ejerza con responsabilidad.

Debemos entender que las personas actúan ante la oportunidad cuando se les presenta su oportunidad. Que enfrentan el desafío cuando surge el desafío. Puede representar un riesgo y ser hasta abrumador transferir la autonomía de las acciones a la gente. Pero es imperativo que la gente entienda que si se les ha asignado la tarea entonces deben asumirla y ser responsables.

Los grandes líderes desean compartir su liderazgo. Esto implica que el líder debe conferir libertad a otros para desplegar autonomía y responsabilidad. Implica negociación, no una imposición. Cuando se le permite a los individuos participar en la toma de decisiones, así como en la visión y en la dirección, se les confiere autonomía y se les hace responsables de lo que están haciendo. Eso, a su vez, incrementa la iniciativa.

La iniciativa en un liderazgo compartido

En ocasiones los líderes tienen que oir cosas que no quieren pero que necesitan oir. Los seguidores temerosos siempre le dirán al lider dictatorial lo que él desea escuchar. No obstante, el seguidor comprometido tomará la iniciativa y dirá lo que es imperativo que el líder escuche.

La siguiente es la regla de oro cuando se pide retroalimentación: No dispare al mensajero.

Los líderes que deseen formar a otros líderes a través de las relaciones, deberán permitir que la gente haga retroalimentación sobre el desempeño de la organización. Esto desarrolla la mentalidad del "nuestro" y del "nosotros" corporativo. Cuando la gente asume su autonomía y su responsabilidad, se convierten en "portadores" de la organización. En otras palabras, no trabajan para la organización, la llevan dentro de ellos.

> La siguiente es la regla de oro cuando se pide retroalimentación: No dispare al mensajero.

Cómo compartir la autonomía de la visión

Peter Drucker, escritor influyente sobre el liderazgo, dijo en una ocasión: *"Ningún ejecutivo ha sufrido porque su personal fue fuerte y eficaz"*. Usted será más eficaz cuando la gente asuma la autonomía de su visión.

El maravilloso libro, *El vuelo del Búfalo* (*Flight of the Buffalo*), plasma vívidamente este principio. Compara la mentalidad de un búfalo con la de un ganso.

Los búfalos hacen exactamente lo que el jefe búfalo les indica que deben hacer. Comprometidos con su líder, los búfalos permanecen inmóviles hasta que su líder les muestra qué hacer. Cuando el líder no está cerca, ellos esperan hasta que venga. Los primeros pobladores de América diezmaron poblaciones enteras de búfalos mediante matar al búfalo jefe, dejando a los demás sin dirección, y, por lo tanto, convirtiéndolos en presas fáciles.

Cuando nosotros tenemos una mentalidad de autonomía única, la gente a nuestro alrededor no está orientada hacia las decisiones y no se inclina hacia las acciones. En vez de eso, se quedan esperando a que venga el siguiente set de instrucciones de la dirección o de la gerencia.

En contraste con eso, cuando los gansos vuelan en forma de "V", el líder cambia con frecuencia. Los diferentes gansos, en distintos momentos, llevan la delantera. Cada ganso es responsable de conducir al grupo hacia su destino. Cuando resulta necesario cambia su función. Su papel varía entre líder y seguidor. Cuando la tarea cambia, los gansos son responsables de cambiar la estructura.

Esta es una ilustración muy vívida del principio del liderazgo compartido. Realmente funciona.

John Maxwell en su libro *Desarrolle los líderes que están alrededor de usted* (*Developing The Leaders Around You*), nos cuenta más sobre los gansos:

> *"Cuando usted ve a los gansos irse hacia el sur para el invierno, volando en forma de "V", tal vez le interese saber lo que la ciencia ha descubierto sobre el por qué vuelan de esa forma. Las investigaciones han revelado que a medida que cada pájaro bate sus alas genera una elevación para el pájaro que va inmediatamente detrás. Al volar en*

forma de "V" la bandada entera incrementa su capacidad de vuelo en un 71% en comparación a si cada pájaro volara individualmente.

Cuando un ganso se sale de la formación, inmediatamente siente la resistencia de intentar hacerlo solo. De modo que se va hacia la parte de atrás, regresando a la formación para aprovechar la fuerza de elevación del pájaro que va inmediatamente al frente. Cuando el ganso que va liderando la bandada se siente cansado, se desplaza a una posición atrás en la "V" y otro pájaro asume su posición. Los gansos graznan desde atrás para animar a los que van adelante para que mantengan su velocidad. Finalmente, cuando un ganso está enfermo, o ha sido herido por un arma de fuego y cae, otros dos gansos abandonan la formación y lo acompañan hasta abajo para ayudarlo y protegerlo. Permanecen con el ganso hasta cuando pueda volar de nuevo o hasta cuando muera, y entonces avanzan por su propia cuenta o con otra formación para alcanzar a su grupo".

En vista de lo anterior, quien quiera que llame a otra persona *"ganso tonto"* en realidad no sabe de lo que está hablando.

Es mucho lo que se puede aprender de los gansos:

* La gente que tiene una dirección común y sentido de comunidad llega más rápido a su meta porque viaja a través de la corriente de otros.

* Si tenemos tanto sentido común como los gansos, nos mantendremos en formación, junto con los que se están dirigiendo en la misma dirección que nosotros.

* Cuando se hace trabajo duro vale la pena tomar turnos.

* Cuando gritemos desde atrás, asegurémonos que sea para dar estímulo.

* Si tenemos el mismo sentido de pertenencia que los gansos, nos asistiremos unos a otros como ellos lo hacen.

- Cómo animar la iniciativa y la autonomía.

Si usted desea estimular la autonomía de sus colaboradores, puede hacer lo siguiente:

- Dígales que la autonomía es de ellos.

- Muéstreles por qué es de ellos.

- Anímeles a contribuir con la vision.

- Permítales ser escuchados plenamente y no solamente a su eco.

- Desarrolle la mentalidad *"nuestro"* y *"nosotros".*

- Consienta que otros implementen sus ideas.

- Evite convertirse en el señor *"arregla todo"*, permitiendo que otros también sean responsables.

- Deje que otros sean responsables de monitorear su propio desempeño.

- Celebre las victorias con ellos.

"El ejemplo no es lo más importante para influenciar a otros, es lo único".

Albert Schweitzer

Y la última sugerencia y la más importante es esta: *Cambie su estilo de liderazgo creando un liderazgo temático.* Usted deberá ser un ejemplo del estilo de liderazgo que usted requiere de su personal.

En una ocasión Albert Schweitzer dijo: *"El ejemplo no es lo más importante para influenciar a otros, es lo único".* Si usted desea que otros asuman su autonomía, usted debe asumir su propia autonomía y permitir que otros la asuman también. Ellos a su vez harán que otros ejerzan su propia autonomía.

La clave de ese liderazgo es la mentoría, un tema al cual a continuación dedicaremos toda nuestra atención.

CAPÍTULO 2

EL LÍDER
COMO MENTOR

La necesidad principal de nuestra generación así como la de las generaciones futuras es la de la mentoría. La expresión mentoría se refiere al medio por el cual no sólo afectamos el presente sino también el futuro. La falta de mentores puede significar un futuro incierto en el campo del liderazgo. Es sólo mediante un proceso de mentoría sólida que se puede producir gente sobresaliente; y sólo la gente sobresaliente es la que logra llevar a los negocios y a las organizaciones a alcanzar el éxito y a prosperar.

La mentoría tiene que ver con hacer que la gente crezca y se desarrolle. Primero se tiene que crecer a nivel individual y llegar a ser una gran persona uno mismo (lo cual es un proceso que nunca debe detenerse, porque nunca se es demasiado experimentado para no poder aprender de otros), para luego, entrenar a otros y compartir con ellos tanto como se pueda. La mentoría tiene que ver con llegar a ser mucho mejor de lo que se es en el presente, y esto se logra beneficiándose de otros y beneficiando a otros. La mentoría consiste en que los mentores buscan a quien entrenar y los "entrenados" busca a los líderes de los cuales puedan aprender. Se trata, entonces, de crecer, de mejorar mucho más de lo que se es el día de hoy.

En este capítulo consideraremos la importancia de construir a otros a través de un proceso de mentoría.

¿QUÉ ES *"MENTORÍA"*?

El proceso de mentoría puede ser asemejado a tomar algo viejo y algo nuevo, y poner esas dos cosas juntas. A la edad de trece años, Miguel Ángel fue designado como aprendiz del pintor Doménico Ghirlandaio. De su maestro Miguel Ángel aprendió las técnicas que utilizaría más tarde en la hermosa Capilla Sixtina de El Vaticano. Este tipo de relaciones maestro/aprendiz se remontan a los tiempos de la antigua Babilonia y aún antes. Ello garantizaba que hubieran suficientes aprendices para satisfacer las necesidades de la comunidad.

De igual modo, en los tiempos bíblicos, se puede ver al joven Josué aprendiendo de Moisés, a Rut siguiendo a Noemí; a Timoteo siguiendo al apóstol Pablo. Todos estos jóvenes aprendices se convirtiéron en hombres y mujeres maravillosos de la historia a través de un proceso de mentoría. En efecto, la mentoría consiste en embarcarse en un viaje hacia la grandeza. Y a veces ese viaje lleva a tomar giros inesperados.

El gran hombre de negocios Fred Smith, ahora retirado, escribió un libro llamado *Usted y su red (You and Your Network)*. Yo acostumbro a leer este libro una y otra vez. Fred quería cantar con una compañía metropolitana de ópera. Cierto día un amigo de más edad le dijo: *"Fred, tienes todo menos talento, y sin ese talento, toda la práctica, disciplina y expectativas no lograrás lo que quieres. De modo que yo sugiero que busques otra cosa en otro ámbito"*. A pesar de que estas palabras fueron dolorosas, Fred las escuchó y cambió de dirección en el asunto. Y allí fue donde él pudo florecer. Hubo un mentor que estuvo dispuesto a ser franco con él y a animarlo para salir adelante.

Allí es donde está el mentor para animar, para estimular y para estar al tanto de cómo lo está haciendo su aprendiz. Es el mentor quien da un sentido de pertenencia y de identidad, y quien reafirma los dones de su aprendiz, dando vía libre para desarrollar la plenitud de la esencia propia. La mentoría es un proceso vital porque satisface los anhelos de tanto el practicante como del mentor.

El proceso de mentoría comienza conmigo mismo

Con frecuencia le digo a las personas: *"Muéstrame cuáles han sido los ámbitos de tu vida".* Nuestros *"ambitos"* (con esto me refiero a las guías del carácter emocional y mental) y nuestras relaciones personales cultivadas, dan una idea bastante clara de la clase de personas que somos y que en últimas, llegamos a ser. Después de todo, con el hierro se agudiza el hierro, pero el plomo lo lleva a uno rápidamente al fondo.

Llega un momento en la vida cuando todos nosotros debemos preguntarnos quién nos ayudó a convertirnos en lo que somos hoy. ¿Quién ha moldeado nuestra personalidad? ¿Quiénes han influido en nosotros profundamente? ¿Quiénes nos marcaron de forma permanente?

Por supuesto, dicha influencia puede ser positiva o negativa. Para bien o para mal estas personas han llegado a ser nuestros mentores.

Cuando era joven y estudiaba en la universidad, recuerdo que me sentía deslumbrado por el talento de uno de mis profesores de cátedra. Era un excelente discursante. Yo deseaba poder llevarlo en mi automóvil de cátedra en cátedra. Honestamente puedo decir que una de las influencias clave en mi vida fue este caballero. Yo sabía que si podíamos hacer que la gente asistiéra a sus clases, sus vidas cambiarían. Yo tuve el privilegio de observar la forma como conducía a su audiciencia con elocuencia y entusiasmo. Este hombre llegó a convertirse en uno de los mentores de mi vida.

> **El hierro agudiza al hierro, pero el plomo lo sumerge a uno rápidamente.**

Tiempo atrás, mi profesor de guitarra había sido el mentor que me animaba continuamente. Siempre me había interesado ser una persona de tarima y en mis primeros años de aprendizaje con la guitarra participé en competiciones de mímica simulando la música de otras personas. Y aunque suene un poco sensiblero, fue mi profesor de guitarra quien me animó a mejorar mi desempeño en el escenario público. Ello tuvo un profundo efecto en mi vida.

Personas como esta, es decir, personas que han moldeado mi vida, son a quienes yo llamo mentores. Yo quisiera preguntarle a usted: ¿Quién moldeará la vida de las generaciones por venir? ¿Quiénes serán los moldes de las nuevas generaciones de personas en campos como los negocios, la economía, la ley, la ética, la iglesia y la comunidad? Sin mentores enfrentaremos un futuro sombrío.

Y la verdad es que *la mentoría comienza, debe comenzar primero conmigo mismo.* Yo he tenido mis propios mentores, de modo que yo mismo debo llegar a ser un mentor.

Por qué es importante la mentoría

Muchas personas no entienden la importancia de la mentoría. Sin embargo, sus beneficios son enormes. La mentoría beneficia tanto al mentor como al aprendiz. La mentoría produce un sentido de vínculo que perdura en el tiempo. Y ese vínculo hace que ambas personas encuentren significado de forma mutua.

> *"El propósito supremo del individuo consiste en servir en vez de gobernar".*
>
> Albert Einstein

Yo sé lo que es ser un mentor y un aprendiz. Conozco la experiencia de ambos lados. Para un mentor, hay pocas cosas más gratificantes o agradables que ver a su aprendiz truinfar. Es una de las sensaciones más grandiosas que uno puede tener, lo cual aporta un veradero sentido de logro.

Por otra parte, pienso en los hombres y las mujeres que han tenido un impacto formativo en mi vida, es decir, las personas que se han tomado el tiempo para enseñarme. Me produce un gran sentido de logro tener la posibilidad de contar con ellos como mis amigos, y de alguna forma saber que yo posiblemente también he hecho alguna contribución en su vida.

Para completar el cuadro de por qué es tan importante la mentoría, cambiemos de perspectiva por un momento y veamos las cosas desde el punto de vista del aprendiz. Esto es lo que una buena mentoría logra en usted:

La mentoría estimula su propio crecimiento

Los mentores nos ayudan a crecer y a continuar creciendo. Ellos nos ayudan a desarrollarnos a nivel social, mental, físico, y para resumir, incrementan nuestra efectividad como personas. Nos hacen asumir la responsabilidad de nuestros talentos y de nuestro potencial. Y como tales, los mentores se interesan más por quienes *podemos llegar a ser* que por lo que *ya somos*.

Los mentores suministran un modelo a seguir

Para la mayoría de nosotros, nuestro estilo de vida, liderazgo, sueños de alcanzar el éxito, valores, vida de familia, acciones, negocios y hábitos, todas estas cosas son modeladas por otros. Los humanos somos imitativos y seguimos el ejemplo, aun cuando no queramos hacerlo.

"Hay pocos problemas que no podamos resolver juntos, y muy pocos que podamos resolver por nosotros mismos."

Lyndon Baines Johnson

La comunicación no verbal es extremadamente poderosa. Aquí aplica ese viejo dicho gracioso que dice: *"Practica lo que predicas".* En otras palabras, no me *digas* lo que sabes o crees, *¡demuéstramelo!* Pensamos de esta manera debido a que reconocemos el inmenso poder de las imágenes y de los ejemplos.

Y aquí hay otro viejo dicho que encaja muy bien: *"No puedo escuchar lo que dices porque tus acciones hablan más fuerte que tus palabras".* Solemos utilizar estos dichos para definir la hipocresía y la doble moral. No obstante, el mismísimo hecho de que los utilicemos demuestra nuestro anhelo intenso de observar y de seguir modelos. De modo que es imperativo que tengamos modelos para nosotros mismos y que, a la vez, seamos modelos de conducta para otros.

Los mentores nos ayudan a alcanzar las metas

La mayoría de las personas no se motivan a sí mismas. Yo agregaría que de vez en cuando, todos nosotros necesitamos que alguien nos entrene y nos haga expandir nuestros horizontes. Es asombroso lo que un poco de estímulo puede lograr por el bien de las personas. Les ayuda a llegar más lejos de donde normalmente llegarían y les ayuda lograr más de lo que habían soñado que era posible lograr.

Los mentores influyen en otras personas

Howard Hendricks escribió: *"En ocasiones, pensamos que nuestra influencia puede pasar desapercibida. Pero se percibe. Todo aquel que está en una posición de liderazgo influye en otros".* Por consiguiente, como mentor, usted influye en otros.

La mentoría es un proceso

En primer lugar, la mentoría es un proceso. Inicia, cuando una persona que conoce bien los gajes de una tarea en particular está dispuesta a enseñarla a alguien más. No es una cosa exclusiva de los hombres; es algo que también pueden hacer las mujeres. Todos nosotros podemos ser el mentor de alguien más, y podemos hacer esto mediante infundir en sus vidas nuestros propios valores, técnicas y habiliades. Somos mentores cuando creamos para otros oportunidades que de otro modo no estarían disponibles.

En el año 1919, en un apartamento rentado en la ciudad de Chicago, cierto hombre jóven se recuperaba de las terribles heridas que sufrió en Europa en la primera guerra mundial. Este hombre escogió vivir cerca a la casa de Sherwood Anderson, el autor famoso, que escribió una colección de historias cortas altamente aclamadas, titulada *Winsburg, Ohio.*

Anderson tenía una característica singular y era que le gustaba ayudar a los escritores jóvenes. Estos dos hombres se hicieron muy buenos amigos. Compartían comidas, iban a caminar juntos, y conversaban sobre la escritura y la creatividad. El hombre joven siempre llevaba a Anderson ejemplos de sus escritos, quien a veces respondía con críticas muy severas. Con todo, el joven escritor nunca perdía su entusiasmo. Siempre tomaba nota de las recomendaciones y se iba a mejorar su material. Este hombre optó por prestar atención a los consejos. No sufría de la inseguridad de intentar justificarse. Más tarde dijo: *"Yo no sabía escribir hasta que conocí a Sherwood Anderson".* Una de las cosas más útiles que este hombre hizo por el joven fue que presentó a su aprendiz a sus conocidos del mundo editorial.

En 1926, este hombre joven publicó su primera novela, la cual fue aclamada inmediatamente, *The Sun Also Rises.* El nombre de este joven era Ernest Hemingway.

"El principio más profundo de la naturaleza humana es el anhelo de ser apreciado".

William James

Pero la historia continúa. Luego de dejar Chicago y trasladarse a Nueva Orleans, Anderson conoció a otro hombre joven, un poeta, que deseaba mejorar sus habiliades. Anderson lo puso bajo la misma rutina que había impuesto a Hemingway. Escritura, discusión, estímulo, crítica y desafío. Le dio al joven copias de sus propios escritos y le animó a leerlos: sus palabras, sus temáticas y el desarrollo de sus personajes. Un año después Anderson ayudó a este hombre a publicar su primera novela, *La paga de los soldados (Soldier Pay)*. Tres años más tarde, el nuevo talento, William Faulkner, produjo *El sonido y la furia (The Sound and the Fury)*, que se convirtió en una obra maestra en los Estados Unidos. El famoso crítico literario, Malcom Cowley, dijo respecto a Anderson que fue *"el único escritor de su generación que impregnó una marca en el estilo y la visión de la siguiente generación".*

> *"Has siempre más de lo que se pide de ti".*
>
> General George S. Patton

Mi pregunta para usted como líder es: *¿Qué dejará usted para la siguiente generación?* No se necesita que usted sea mayor de edad o un escritor para ser un mentor. Todo lo que se necesita es tener visión para que su propia influencia se extienda más allá de los setenta u ochenta años de esta vida. Un mentor deja un legado que otros siguen y reproducen, y ese legado no es más que el proceso de mentoría.

La función del mentor

El mundo de los negocios necesita desesperadamente mentores que estimulen a los hombres y a las mujeres a vivir la clase de vida que trae éxito. No se sienta amenazado por los nuevos que llegan. Más bien, entrénelos y enséñeles.

(A propósito, esto puede significar ser mentor de personas de su propia edad, y de su misma área comercial, lo que implica mostrarles las oportunidades nuevas y suministrarles ayuda cuando la necesiten. Permítales expresar sus propios conceptos e ideas sin hacer escrutinio de ellos. Recuerde que todo va a través de un proceso.)

> Ser mentor implica mucho más que simplemente transmitir información.

Ser mentor implica ser padre y ser madre, lo que quiera que sea que se necesite. Lo que importa no es el título. Lo que se necesita que ocurra es que se dé el proceso de mentoría. Ser mentor implica mucho más que simplemente transmitir datos; significa caminar al lado de alguien y guiarlo para su desarrollo personal y profesional.

Ser mentor ayuda a la gente a crecer hacia la madurez de su pleno potencial. Eso es algo que no se aprende mediante ningún curso o seminario. Ocurre a través de las relaciones.

Las relaciones interpersonales en la vida del mentor

A veces cuando viajo al extranjero, llevo conmigo a uno de los internos de nuestra organización. Y no sólo llego a pasar tiempo de calidad con esta persona, sino que también ella llega a experimentar el ritmo acelerado del camino.

Recientemente un interno me acompañó a un viaje a los Estados Unidos, donde yo tenía que dar un discurso durante uno de los festivales de música más grandes del país. Él estaba muy contento de haber participado en el viaje. Hasta apareció en televisión conmigo —nunca había experimentado eso. Y llegó a conocer a algunos de los mejores artistas de la música del mundo.

Ben también aprendió que hay cosas en la vida que no se pueden ignorar. Esto es lo que sucedió.

"Se requiere ser una gran persona para ser un buen oidor"

Sir Arthur Helps

Estuvimos en Hawaii donde yo pronuncié una conferencia en una iglesia; más tarde salimos para pasar un tiempo de recreación en una moto acuática. Luego, necesitábamos salir rápidamente para tomar un vuelo de Honolulu a Harrisburg. Ben no tuvo tiempo de secar su ropa, de modo que la empacó húmeda en su maleta. El vuelo de Honolulu a Harrisburg es un vuelo largo, y para completar, tuvimos que hacer una escala grande en Pitsburg. Cuando al final llegamos a nuestra pequeña habitación de hotel en esa cuidad y Ben abrió su maleta, se presentó un olor nauseabundo.

Por no haberse tomado el tiempo para secar su ropa, Ben tuvo que olvidarse de esta. Y como su mentor era mi deber informar a mi joven pupilo que cuando uno está compartiendo una habitación pequeña, el olor de la ropa húmeda no es algo que contribuya a construir relaciones fuertes. Ben aprendió un par de cosas y yo estaba dispuesto a enseñárselas. La primera de estas cosas fue que durante un viaje es obligatorio lavar y secar la ropa, y lo segundo es que tuvo que despedirse de su ropa húmeda y mal oliente.

Y francamente, en el oficio de un mentor hay mucho trabajo sucio que hacer. Esto es algo que ocurre porque a veces las relaciones no son fáciles.

El líder relacional

El tema de las relaciones es un tema reiterativo en este libro. Usted no podrá ser un líder si no desea reproducir su modelo de acción en sus colaboradores. Y no podrá serlo si no logra construir conexiones de calidad con su personal. Ser mentor implica tener conexiones relacionales. Peter Drucker describe cuatro cualidades sencillas aunque poderosas del liderazgo de calidad y por ende de la mentoría de calidad:

1. *Los líderes se definen por sus seguidores.* Esto significa que los líderes deben ser mentores.

2. *El líder eficaz no es aquel que es estimado o admirado, sino que es alguien cuyos seguidores hacen las cosas correctas.* La popularidad no es sinónimo de liderazgo; los resultados sí lo son. La mentoría consiste en reproducir sus propios valores en otros.

3. *Los líderes son altamente visibles; dan el ejemplo.* Los mentores son ejemplos vivientes de ello.

4. *El liderazgo no tiene que ver nada con el rango, los privilegios, los títulos o el dinero; tiene que ver con la responsabilidad.* Ser mentor no es un asunto de juegos y diversión. Implica trabajo serio.

Llegando a conocer a las personas

Ser mentor implica hablar en la vida de las personas a través de las relaciones. Los líderes relacionales entienden esto, y en su vida de negocios, civil, de comunidad, y de iglesia procuran construir las relaciones para impartir su conocimiento y experiencia a otros. Hay cosas que no se pueden aprender de los libros. Hay cosas que se desarrollan a partir del contacto persona a persona.

La mentoría implica llegar a conocer a la gente, no necesariamente llegar a saber más sobre las personas. Tiene que ver con saber por qué hacen lo que hacen e implica apartar tiempo para crecer en el entendimiento de ello. Hoy en día estamos desesperados por encontrar personas que crean en nosotros, que se mantengan a nuestro lado, que nos guíen, que nos enseñen, que nos den ánimo y nos ofrezcan la posibilidad de desarrollar responsabilidad. Necesitamos de sus sonrisas, sus abrazos, sus ceños fruncidos, su corrección, sus lágrimas, sus palmaditas en el hombro, sus brazos a nuestro alrededor, y su represión constructiva.

Necesitamos todo eso. Eso hace parte de la mentoría. El líder que quiere entrenar a otros apropiadamente debe construir las relaciones.

CÓMO HACER LA MENTORÍA

Cómo comienza la mentoría

Hasta aquí hemos considerado lo que significa la mentoría y por qué es tan importante. Pero, ¿cómo ponerla en acción? Bien, ello comienza con su propia actitud como mentor.

1. La mentoría comienza con un *interés genuino en alguien*.
    Cuando usted se encuentra con su aprendiz, la conversa-
    ción y el tiempo invertido con él o ella no se considera una
    pérdida. Puede que él o ella sea demasiado joven para ser
    su par, sin embargo, usted desea proyectar sus objetivos en
    esa persona. Por otra parte, los mentores, no necesariamen-
    te deben tener más edad que sus
    aprendices. Hasta en el trabajo que
    nosotros hacemos, he descubierto
    que a veces los mentores, particu-
    larmente los jóvenes, no se llevan
    una diferencia significativa de edad
    con quienes les guían. Estos se con-
    vierten en modelos para seguir que entienden y proveen
    sentido de pertenencia a personas que desesperadamente
    necesitan aprender.

    > La mentoría comienza con un compromiso personas de auto-crecimiento.

2. La mentoría comienza con *un compromiso personal de
    autocrecimiento*. Ser mentor le ayuda a uno a conectarse
    consigo mismo. Así, uno puede monitorear su propio creci-
    miento y ponerse retos a sí mismo para agudizar sus habi-
    liades mentales, espirituales y emocionales.

3. La mentoría comienza con el *deseo de ser abierto*. Esto in-
    cluye estar en capacidad de compartir sus fortalezas pero
    también sus debilidades.

4. La mentoría comienza con la *decisión de afirmar y de lla-
    mar a cuentas*. Esto significa que se felicita al aprendiz y
    también se le corrige.

5. La mentoría comienza con la *voluntad de vivir lo que se
    dice*. Esto no significa que se debe ser perfecto; más bien
    implica integridad; practicar lo que se predica.

Así es como comienza la mentoría. ¿Qué sigue a continuación?
¿Qué implica en realidad ser mentor para otras personas? Yo he es-

tado en el tema de la mentoría por años, así que permítame darle un consejo de mi propia experiencia.

Tome la iniciativa

En primer lugar, *siempre tome la iniciativa*. Busque a alguien que tenga deseos de encontrar un mentor. Usted deberá ser proactivo. No vaya a adoptar la actitud *"si me quieren vendrán buscándome"*. Es probable que nunca vengan.

Una vez que usted tome la iniciativa de convertirse en mentor, su primer trabajo será encontrar a alguien con esa chispa en sus ojos que demuestre que desea crecer.

> Debemos aprender a identificar el potencial en otras personas.

Esto se puede comprobar observando su ahínco, su enseñabilidad, su corazón abierto, su entusiasmo y su disposicion para responder o servir. Esté atento a las personas que continuamente hacen preguntas —esa es la clase de persona que está buscando.

Esto es lo que se debe buscar específicamente en un aprendiz:

1. *Busque a alguien que manifieste un deseo ferviente.* Esta es la clase de persona que rehúsa irse a la deriva. Los mentores quieren trabajar con alguien que tenga un destino al cual quiere llegar, alguien que no esté interesado en simplemente en tener conversaciones interesantes. El aprendiz deberá demostrar que quiere alcanzar objetivos, que quiere aprende y desarrollarse.

2. *Busque a alguien que esté dispuesto a asumir responsabilidad y a cumplir con determinadas tareas y asignaciones.* Los mejores mentores y aprendices son aquellos que quieren extender sus capacidades.

3. *Busque a quienes manifiesten iniciativa.* Los mentores desean tener consigo a personas que no esperen a que otros

hagan todo por ellas, sino más bien, que estén dispuestos a aprovechar las oportunidades, a aprovechar el momento y a trabajar duro.

4. *Busque a quienes deseen aprender con gran interés.* ¿Hay alguien que ya esté escuchando grabaciones, leyendo libros, alguien que esté intentando crecer? Es posible que estos individuos estén listos para encontrar un mentor.

5. *Busque a quienes tengan disposición de asumir responsabilidd personal por su propio crecimiento, que estén dispuestos a actuar y a asumir las consecuencias.* Los mentores desean trabajar con personas que no se excusen, sino que estén dispuestas a asumir las consecuencias de sus errores así como también que estén listos para recibir estímulo y elogios.

Deje bien clara su intensión

En segundo lugar, una vez encuentre a la persona, *deje bien claras sus intensiones.* Dígale qué es lo que usted pretende lograr.

> **Muchas personas vieron un trozo de mármol, pero Miguel Ángel vio a "El David".**

Tal vez usted diga: *"Bien, ¿y por qué no vienen ellos a mí? ¿Por qué debo yo salir a buscarlos?"* La respuesta es simple: muchos aprendices potenciales se sienten intimidados por las personas exitosas. A muchos les aterra la idea de pedir ayuda. Temen al rechazo, a ser menospreciados, a no ser aceptados. Y muchos ni siquiera perciben todo el potencial que hay en ellos.

Para muchos el que alguien vaya y extienda su brazo de aceptación y de amistad representa un gran hito. Como líder usted deberá ir por ellos, y luego de ese contacto inicial, le garantizo que ellos vendrán buscándole. Mucha personas poderosas alguna vez pensaron que no tenían nada para ofrecer. Hubo un momento en que ellos no contaban con entrenamiento y guía.

Los líderes necesitan mirar como lo hizo Miguel Ángel. La mayoría vio un gran trozo de mármol, pero Miguel Ángel vio a "El David" y lo demás, como dicen por ahí, es historia.

¿Qué debería usted decirle a la persona a la que desea servir como mentor? Los aprendices normalmente tienen preocupaciones y temores naturales. Y puesto que usted tiene más experiencia en la vida, debe acercarse para dar soporte en su vida. Le garantizo que ello no sólo lo hará una persona más exitosa, sino que le permitirá dejar un legado del cual se hable en los tiempos por venir.

Hágase disponible

En tercer lugar, hágase disponible a las personas. Aunque es cierto que los líderes exitosos tiene horarios ocupados, el tiempo que pueda compartir, sea mucho o poco, es la mejor inversión que puede hacer en la vida de otros. Ellos lo apreciarán. El artículo más valioso es el tiempo, y el bien más valioso con el que usted cuenta es la gente. Ponga las dos cosas juntas y tendrá la receta del éxito. Hágase disponible y dedíqueles tiempo de modo que ellos puedan crecer. La influencia nace de la relación; le aseguro que nunca va a salir de un manual o de un discurso.

Y no se necesita ser un comunicador excepcional para ser un buen mentor. Lo que se necesita es alguien que pueda compartir desde su corazón.

Uno de los jóvenes que trabaja diligentemente en mi programa interino siempre trae papel y lápiz para apuntar un pensamiento, una idea o un dicho. Él tiene apetito de aprender y yo tengo apetito de enseñar. Yo sé que eso implica tiempo, pero vale la pena.

> El bien más valioso con el que se puede contar es la gente.

Pero, ¿cómo podemos agregar esa carga a nuestros horarios apretados? Lo que yo sugiero es que necesitamos ser más eficientes con nuestro tiempo y con nuestras relaciones. Por ejemplo, yo siempre estoy en los aviones, yendo allí, yendo allá, yendo a todas partes. Así que siempre intento que algún interno o alguien de mi equipo, me lleve al aeropuerto. Durante ese recorrido podemos hablar por espacio de una hora y podemos pasar tiempo hablando de nuestros sueños, planes y visiones. También podemos aprovechar la hora del almuerzo para animar a otros. Uno no tiene porque almorzar solo.

Y no sólo compartan las cosas que tienen en común; compartan sus sueños, sus metas personales, sus éxitos y sus fracasos. Para ello no se necesita tener una agenda. Tampoco se necesita ser un experto en todo. Para ser mentor lo único que se necesita es mostrar interés. Sencillamente siéntese a conversar y comparta con los demás de forma sincera.

Creando oportunidades duraderas

Con bastante frecuencia, cuando estoy participando en alguno de nuestros programas, visitando o hablando en alguna escuela secundaria, le pido a los líderes del área que me presenten con los jóvenes turcos, es decir, los que trabajan comunicándose con los jóvenes de las secundarias. Yo los llevo conmigo en el automóvil y converso con ellos por un rato y les hago preguntas sobre sus sueños y aspiraciones. Es muy común que ellos me pregunten sobre las claves del éxito y las lecciones que he recopilado en mis años de trabajo con los jóvenes, o sobre mi experiencia cuando hago presentaciones en el mundo corporativo. Lo que hago es compartir con ellos algunas verdades vitales, el tipo de cosas que no se encuentran en los libros. Son aspectos que los he aprendido sobre la base de la experiencia personal. Cosas que deben captarse, no enseñarse.

Hace unos años, yo estaba hablando ante un campamento por solicitud de Phil, un joven amigo, líder de un grupo de jóvenes. Phil me informó de su preocupación particular respecto a Ross, un joven del grupo. Aparentemente Ross siempre estaba intentando ser el centro de atención. Su personalidad traviesas constantemente lo estaba poniéndo a él y a sus amigos en problemas. La opinión de Phil respecto al joven era: *"Él es un rebelde".*

Sin embargo, cuando conocí a Ross me gustó su forma de ser. Tenía personalidad y carisma. Él y yo llegamos a ser buenos amigos en el campamento. Yo le dije a Phil: *"No hay nada malo con Ross. Él es un líder y como tal tiene el gran deseo de ayudar a otros, aun cuando a veces se equivoque. Él podría convertirse en un gran bien para tí".*

Desafortunadamente, Phil no tuvo en cuenta mi consejo. En la actualidad, él no está haciendo nada y su grupo de jóvenes se dispersó. Sin embargo, Ross fue entrenado por alguien más, y se convirtió en el primer líder de uno de los grupos de jóvenes más grandes del país; con el tiempo llegó a ser Ministro Asociado en una de las iglesias más grandes del país y finalmente se convirtió en el líder de su floreciente congregación.

> **Su peor pesadilla probablemente sea su mayor bien.**

¡Hágase disponible! Su peor pesadilla probablemente sea su mayor bien.

¿Una carrera en *modelaje*?

En cuarto lugar, *emprenda una carrera en modelaje.* En otras palabras, modele en su vida para otros. La gente puede olvidar lo que digamos, pero nunca olvidarán lo que hacemos. El comportamiento que usted modele es el comportamiento que otros seguirán.

Como pastor para los jóvenes, en una ocasión hice algo que me enseñó una gran lección. Cierto día cambié mis pantalones vaqueros y mi camiseta por una camisa formal y una corbata. Mi esposa, totalmente desconcertada, me dijo: *"¿Qué estás haciendo?"* Yo contesté: *"Observa".*

Durante las próximas semanas me mantuve utilizando la camisa y la corbata. Después de la cuarta semana empecé a notar que todos los jóvenes del grupo empezaron a utilizar camisas y corbatas. Y luego de que eso ocurrió por varias semanas, yo empecé a vestir de nuevo pantalones vaqueros y camisetas.

Para ese momento mi esposa había comprendido lo que yo estaba haciendo. Estaba intentando enseñar una lección a algunos de mis líderes: la gente imita más lo que usted hace que lo que usted dice. No pasó mucho tiempo desde que volví a utilizar pantalones vaqueros y camisetas para que los jóvenes empezaran a hacer lo mismo. Ellos simplemente estaban jugando a seguir al líder. Y yo claramente había tenido una carrera en modelaje que rivalizaba con la de Elle MacPherson.

Conviértase en modelo

Quienquiera que desee convertirse en mentor deberá ser un modelo en todas las áreas de la vida. ¿No es sorprendente que después de haber visto un programa de televisión en el que el actor, luego de una discusión, golpea la puerta, uno termine haciendo lo mismo en circunstancias similares? La televisión moldea comportamientos que la gente imita. Un mentor siempre deberá constituir un ejemplo apropiado de buena conducta. Las relaciones familiares pueden modelarse. Se pueden criar hijos felices mediante tener buena *comunicación*, sabiendo escuchar. Mediante manifestar amor, tratándo a su cónyuge de la forma correcta. Se puede modelar la forma correcta de *vestirse, de hablar, de escoger una buena lectura, de trabajar o de estudiar.* ¿Está permitiendo usted que otros tengan la preciosa oportunidad de experimentar su ejemplo de vida?

> Quienquiera que desee convertirse en mentor deberá ser un modelo en todas las áreas de la vida.

Los distintivos de un mentor de calidad

Una vez establecido el contexto de una relación de mentoría pasemos a considerar ciertas cualidades que el líder relacional necesita desarrollar para ser un buen mentor. En primer lugar, vamos a considerar la lista de estas cualidades y luego las examinaremos una por una. El buen mentor debe:

- Ser abordable.

- Dar consejo sabio.

- Expresar reconocimiento.

- Corregir cuando sea necesario.

- Disciplinar cuando sea necesario.

Ser abordable

Ya hemos considerado este tema bajo el encabezado *"Hágase disponible"*, pero bien vale la pena que le demos consideración de nuevo ahora. Uno no puede construir muros que impidan el acceso de las personas a quien dirige. Un líder debe ser accesible a sus seguidores. Y la abordabilidad significa estar abierto a escuchar lo que se quiera decir en el momento en que se necesite decir.

Por supuesto, el líder también deberá evitar convertise en *"uno más del grupo"*. Si uno se familiariza demasiado con sus seguidores, se puede distorsionar el punto de retroalimentación. Uno puede ser *amigo*, pero *todavía* es preciso que sea el líder y mentor.

Dar consejo sabio

Uno de los momentos más importantes en la relación entre mentores y aprendices es cuando se reúnen personalmente para confrontar con honestidad las cosas buenas, malas, indiferentes, productivas y no productivas. En este tipo de reuniones el líder puede descubrír qué cosas son las que molestan o inquietan a sus aprendices. También es la oportunidad para resolver inquietudes y resolver temas pendientes y atender las frustraciones que se hayan podido presentar.

Yo sugiero que los mentores ofrezcan consejo en circunstancias en las que:

- Se necesite.

- El desempeño haya desmejorado.

- Se requiera retroalimentacion y consejo creativos.

- Haya que decidir sobre el futuro del aprendiz.

- Existan problemas relacionales o de práctica.

- Surjan cuestiones que impidan alcanzar el potencial pleno.

Mi recomendación clave es hacer de estas consideraciones tan casuales como sea posible. Sin embargo, no permita que el ambiente casual de la ocasión opaque la importancia de lo que se esté diciendo o de lo que necesite hacerse. Siempre ofrezca sugerencias prácticas sobre lo que se debe hacer. Haga una lista de las metas específicas que se quieran alcanzar, ayude a la persona a desarrollar objetivos y enumere las mejoras que se deben hacer.

Siempre ofrezca sugerencias prácticas sobre lo que se debe hacer.

Exprese el debido reconocimiento

Es muy importante dar a la gente el reconocimiento y el estímulo apropiados por el trabajo bien hecho. El Mayor-General retirado del ejército del los Estados Unidos, Albury Newman, autor de dos libros sobre liderazgo, escribió: *"Para comandar y dirigir se necesitan muchas cualidades, atributos, y técnicas. Esto incluye determinación, fortaleza, buen juicio, percepción, entre otras cualidades. Con todo, nada puede reemplazar la inspiración y el estímulo que se derivan de la felicitación por el trabajo bien realizado".* Dé a su pesonal tanto reconocimiento como sea posible. Elógielos, anímelos y hónrelos.

Corrija cuando sea necesario

Como mentor usted no será siempre el buen chico o la buena chica. A veces usted necesitará administrar disciplina y dirección fuertes.

Ken Blanchard y Spencer Johnson en su libro, *Ejecutivo al minuto (The One Minute Manager)*, ofrecen estas palabras respecto a la disciplina: *"Corrija a su personal de inmediato. Indíqueles qué fue lo que estuvo mal. Sea específico. Dígales cómo se siente sobre lo que salió mal y hágalo con términos inequívocos".*

Discipline cuando sea necesario

El significado de la palabra disciplina es *"entrenar".* Esta es la misma palabra base que se utiliza para *"discipulado".* El significado primario de la palabra disciplina no es castigo; más bien, es el de corregir, ajustar y ayudar, de modo que la persona no caiga en un estado mental de "indolencia". La disciplina se debe utilizar para ayudar a la gente a crecer en áreas donde se necesita desesperadamente crecer y donde el cambio es imperioso.

CUANDO SON LOS MENTORES QUIENES NECESITAN ENTRENAMIENTO

Hasta este punto, este capítulo se ha concentrado en lo que significa ser un mentor. Pero existe otro aspecto que debe ser analizado en relación con la mentoría. ¿Cómo se ve la mentoría desde el punto de vista del entrenador? Es posible que usted diga: *"Yo no siento que soy un mentor. Yo soy la clase de persona que también necesita entrenamiento".* Y ¡usted tiene razón! De hecho, ¡hasta los mentores necesitan ser entrenados!

Cualquiera que desee crecer como líder deberá hacer un inventario de sí mismo y de su vida interior.

Yo tengo mentores en mi vida. Con frecuencia me reúno con personas que son exitosas en los negocios y en otras áreas del liderazgo y les solicito que me den retroalimentación. Les pido que midan mi desempeño; que me digan dónde puedo mejorar y que me muestren cómo puedo comunicarme mejor. A veces oigo comentarios que preferiría no escuchar. Pero en realidad son las cosas que verdaderamente necesito saber. Esta clase de retroalimentación siempre me hace crecer y desarrollar mejor mi potencial.

De modo que aquí hay algunas palabras de consejo para quienes deseen construir una relación con un mentor: inicien escogiendo bien a la persona apropiada.

¿Qué clase de mentor necesito?

Identifique sus necesidades

Lo primero que deberá hacer es *determinar sus necesidades*. Muchas personas dicen, *"Quiero tener un mentor"*, pero no han determinado en realidad sus necesidades. Esto es un asunto vital, si usted verdaderamente desea encontrar un mentor que le ayude a identificar las habilidades, el conocimiento, las actitudes o el carácter que quiere desarrollar. Seguramente usted deseará dar cuidadosa consideración a este tema para asegurarse de encontrar la persona apropiada para usted.

El doctor A. W. Tozer, un gran predicador del pasado, preparó una serie de preguntas para ayudar a las personas a determinar la clase de personas que son: *¿Qué es lo que más desea lograr? ¿Qué es aquello en lo que más piensa? ¿Cómo utiliza usted su dinero? ¿Qué hace usted en su tiempo libre? ¿Para qué tipo de empresa trabaja? ¿A quién admira usted? ¿De qué se ríe usted?* Y a estas preguntas yo agregaría otras dos preguntas: *¿Qué deseo obtener de la vida?* *y ¿qué se interpone entre mis metas, sueños y ambiciones más anhelados y yo?* Todas estas cosas pueden determinar la clase de personas que somos, y por consiguiente, la clase de persona que necesitamos.

Otra forma de determinar las necesidades propias consiste en hacer un inventario personal. Cualquiera que desee crecer como líder

Usted debe tener el intenso deseo de enseñar.

deberá hacer un inventario de sí mismo y de su vida interior. En mi caso, yo hago esto de cada tres a seis meses. Yo evalúo dónde estoy, lo que estoy haciendo, mis compromisos de tiempo, el estado de mi matrimonio, mis puntos de equilibrio para fijar mi ritmo, y mis hábitos de lectura. Me pregunto a mí mismo, ¿es todo esto necesario o me estoy sobrecargando? También me pregunto en qué ámbitos necesito mejorar, como por ejemplo, el ámbito de la comunicación, las relaciones, o mi desempeño como padre, esposo y líder. ¿En qué áreas de mi vida necesito cambiar? ¿Qué actitudes son un estorbo?

¿Está usted dispuesto a pagar el precio?

El segundo aspecto que se debe considerar cuando se está en busca de un mentor es *¿qué precio estoy yo dispuesto a pagar por ello?* ¿Va usted en serio en este proyecto o sólo es un deseo pasajero? Todas las cosas implican un precio. De modo que usted deberá calcular cuidadosamente ese precio. Uno no puede estar en el tema de la mentoría a medias: o se está en ello o no se está. Si se está, entonces se debe pagar el precio que ello implica, sin importar el costo.

¿Está usted dispuesto a escuchar?

En tercer lugar, al escoger un mentor, pregúntese, *¿Estoy dispuesto a escuchar a esta persona que será mi mentora?* No hay caso en relacionarse con un mentor a quien uno no respete o del cual no quiera escuchar. Usted deberá estar dispuesto a compaginar completamente con su instructor.

Obtenga el máximo beneficio

Una vez encontrado el mentor, ¿qué actitudes debería usted involucrar en la relación de mentoría? Entonces:

Esté dispuesto a aprender

En primer lugar, debe haber un intenso deseo interior por aprender. A menudo solemos pensar que lo sabemos todo, o que ya lo hemos escuchado o visto todo. Pero, ¿es eso cierto? Esa es la pregunta clave. Usted deberá estar ansioso de querer actuar.

Busque maneras de estar cerca de la persona que ha escogido como mentora (o que lo ha escogido a usted como mentor). Cuando algunas personas acuden a mí por consejo sobre diferentes aspectos de la vida, yo les hago la pregunta: ¿Has intentado alguna de las cosas que te he sugerido? Cuando la respuesta es: *"¿Qué cosas me dijiste que hiciera?"* o *"No, no lo he hecho,"* entonces sé que estas personas no están interesadas o no cuentan con un deseo intenso. Lo único que desean es una solución rápida al problema.

El talento sin humildad es como un borracho al volante de un automóvil —lo único que le aguarda es un ruidoso estrellarse.

De modo que, si usted es alguien que desea obtener entrenamiento, aprenda primero a *escuchar*, y luego a *hacer* lo que su mentor le pida que haga. Aplique lo que aprenda. Los mentores no pueden ayudar a quienes no estén dispuestos o deseosos de aplicar lo que se les enseña. Podemos hablar mucho sobre teorías y problemas hasta palidecer. Pero a menos que demos pasos prácticos para asegurar el crecimiento y el éxito, nunca llegaremos a ser las personas que queremos ser; sin importar cuán bueno sea nuestro mentor.

Sea enseñable

El segundo elemento está estrechamente relacionado con el primero e implica un tanto de humildad. Uno no solamente debe estar ansioso de recibir enseñanza, sino que también debe ser una persona *enseñable*.

Tener humildad no significa ser un sometido. La humildad nace de la seguridad personal que envuelve conocerse y aceptarse a sí mismo. La humildad implica que aunque se tenga que trabajar duro y someterse a la autoridad de otra persona, todavía uno esté de acuerdo y participando plenamente en el proceso.

Al recibir entrenamiento, mantenga sus oídos bien prestos, sus ojos bien abiertos y su boca cerrada. Escuche y aprenda.

Cultive la actitud correcta

En tercer lugar, hay una actitud incorrecta que se debe evitar. Es la actitud que dice: *"No necesito que esta persona me enseñe. Soy el mejor, el más brillante y el más talentoso"*. Esa es la receta del fracaso. Si hemos de crecer necesitamos cultivar la humildad de corazón hacia nuestros mentores.

En cierta ocasión escuché a un hombre decir: *"El talento sin humildad es como un borracho al volante de un automóvil —lo único que le aguarda es una ruidosa estrellada"*. La fórmula para prevenir dicha tragedia es la de ponerse bajo las manos guiadoras de una persona madura y experimentada a quien se pueda seguir. Esto no significa que usted deba pasar por alto sus propios talentos, sino que usted los filtra a través de los ojos de alguien que ha visto muchas más cosas que usted.

Sea leal

En cuarto lugar, la lealtad es un factor clave. Si existe una crítica a la sociedad occidental en general, es que la lealtad es muy escasa. Esta es absolutamente esencial cuando las cosas no salen bien, o cuando uno se vea tentado a sacrificar una relación a cambio de su propia comodidad personal. La lealtad es absolutamente crucial, junto con todos los sinónimos que esta palabra pueda tener.

La mentoría es un camino de dos vías. Usted ejerce confianza en su mentor y él o ella ejerce confianza en usted. Eso significa que usted debe estar en capacidad de mantener las confidencias en todo momento. El mentor ha compartido su tiempo, sabiduría, experiencia, trabajo, contactos, asociados, retroalimentación, vida de familia, y a veces, hasta los secretos más profundos de su vida personal. Usted nunca deberá traicionar esa confianza.

> **La gente confiará en usted por la forma como usted responda a la confianza que se le ha conferido.**

Traicionar la confianza no sólo es incorrecto sino que equivale a invitar al desatre. Judas no vendió a Jesús por treinta piezas de plata —*se vendió a sí mismo*. La lealtad exige ser responsable con la información. Se deben mantener en confidencialidad las cosas personales. La gente confiará en usted por la forma como usted responda a la confianza que se le ha conferido.

Una de las mejores historias de *la Biblia* sobre la lealtad es la historia de la vida de José. Él vivió en la casa de Potifar un alto oficial del Faraón de Egipto. Potifar era muy rico y encargó todos sus bienes al cuidado de José, alguien en quién él confiaba por su lealtad. Sin embargo, la esposa de Potifar se enamoró del joven José e intentó involucrarlo en una relación ilícita. Él huyó de la situación y mantuvo su lealtad intacta. José era uno de esos pocos casos en los que demostrar que se es hombre no requiere de quitarse la ropa. José demostró ser un hombre digno de confianza con relación a lo más importante que Potifar tenía, su propia esposa.

Si usted está recibiendo entrenamiento de parte de un mentor, asegúrese de que permanece leal y digno de confianza, y no traspase los límites en aspectos que implican confianza y responsabilidad.

Anhele recibir retroalimentación

Recibir soporte de un mentor significa consultar, aprender, seguir y crecer. Marshall Goldsmith escribió un ensayo brillante sobre este aspecto en su libro *El líder del futuro (The Leader of the Future)*. Él dijo: *"El líder eficaz del futuro habrá de pedir retroalimentación y de solicitar nuevas ideas".* Hace años, a la gente, especialmente a los líderes, se les desestimulaba a pedir retroalimentación. Sin embargo, hoy en día, los líderes más respetados del mundo solicitan retroalimentación de 360 grados.

Los líderes también necesitan aprender y crecer, y para eso se necesitan dos claves:

> No tema recibir retroalimentación; acójala positivamente.

1. Escuchar de forma efectiva, y

2. Reflexionar después de pedir y de recibir información.

Un autor lo expresa del siguiente modo: *"Pedir retroalimentación y luego matar al mensajero que entrega las malas noticias es peor que no pedir ningún tipo de retroalimentación".* De modo que no tema recibirla; acójala positivamente. El aprendizaje siempre exige seguimiento; esto significa desarrollar planes de acción, monitorear el progreso y obtener asistencia adicional.

El crecimiento es el producto resultante. ¿Y cómo ocurre esto? Mediante la retroalimentación, la respuesta positiva, el entrenamiento y mediante prestar atención a la retroalimentación de los mentores. *Es ponerse en forma, mantenerse en forma y estar en forma* para asumir las tareas que vienen por delante.

LAS CLAVES DE LA MENTORÍA EXITOSA

Las responsabilidades de un mentor son sobrecogedoras, ya que estas implican el crecimiento y el desarrollo de otras personas. Existen varias claves para lograr una mentoría exitosa.

Lleve la delantera

Quizás la clave más importante es *lleve la delantera*. Peter Drucker lo expresa en su libro *El líder del futuro (Leader of the Future)*, *"Los líderes eficaces no son quienes predican, son quienes actúan".* Los mentores, como líderes relacionales eficaces, no pueden dirigir desde el escritorio; deben dirigir llevando la delantera.

Los líderes van delante de sus colaboradores y les dicen: "Síganme". En tiempos de guerra se escucha que los soldados se sienten frustrados con quienes se sientan detrás de los escritorios de oficina emitiendo órdenes mientras que la verdadera batalla se está dando en el campo de guerra. El mentor debe conocer bien su campo, lo cual significa que uno ha estado allí trabajando y que se ha ensuciado las manos. Eso no quiere decir que el líder tenga que hacer todas las tareas menores, pero implica que debe estar trabajando con la gente. Usted está cultivándolos y ellos son su campo de cultivo.

John D. Rockefeller dijo en una ocasión: *"Yo pago más por la habilidad de dirigir a las personas que por cualquier otra habilidad bajo el sol".* Y, ¿por qué dijo eso? Porque la gente es la que produce el crecimiento, la que hace la productividad, la que construye las organizaciones sin importar su estructura.

En mi trabajo con los jóvenes, yo puedo ser un experto en culturas juveniles, puedo invertir todo mi tiempo recitando las canciones populares más recientes. Pero a menos que yo esté allá fuera experimentando las angustias que tienen los jóvenes, no estaré en condiciones de hablarles con autoridad, con fervor, ni con sentido de comprensión.

Los líderes que trabajan en el campo suelen ser admirados porque pueden ser mentores de la actividad del campo; pueden duplicarse precisamente *porque* están en el campo. Pueden dirigir a través del ejemplo, y pueden demostrar a otros los procedimientos *porque* están en el campo.

Estar en el campo

En el campo se trabaja *con* las personas. En alguna ocasión alguien comentó: *"Cuando una persona trabaja con usted es mejor que una docena de personas que trabajen para usted"*. Como líderes es muy fácil esconderse detrás de los escritorios, enviar memorandos y refundirse en las tareas administrativas. Pero eso no es liderazgo —es administración. Los líderes van delante de sus colaboradores y les dicen: *"Síganme"*.

En el campo es el lugar donde usted observa los logros y el trabajo duro de las personas, y en vez de alardear sobre sí mismo, encuentra múltiples razones para elogiar el trabajo de otros. Allí usted podrá incentivar a sus aprendices a alcanzar logros mayores. Ese es el sitio donde usted se comunica bien con las personas y está en plenas condiciones de aplicar todo lo que ha aprendido. Allí es donde usted forja relaciones estrechas y amistades; es donde edifica la confianza y el compromiso.

En el campo usted encuentra lo necesario para construir el apoyo mutuo. Eclesiastés dice: *"Mejores son dos que uno, porque tienen buen galardón por su duro trabajo. Pues si uno de ellos cae, el otro puede levantar a su socio"*. En el campo usted logra construir las relaciones con las personas. Cuando alguien cae, usted podrá ayudarle y vice-versa.

> **Una sola flecha puede ser rota en dos pronto, pero no si se halla en un paquete de diez.**

En el campo usted ayuda a otros a convertirse en mejores personas y a ser más exitosos. Es allí donde usted aprende 100% el principio: *"Encuentre algo en lo cual concordar con otra persona y entonces déle el 100% de elogio"* (John Maxwell).

En el campo usted aprende a llevárselas bien con las personas, sobre lo cual Teodoro Roosevelt declaró: *"Es el ingrediente más importante de la fórmula del éxito"*. Allí es donde usted aprende a cuidar de las personas. Es como bien lo expresa John Maxwell: *"A la gente no le interesa cuánto sabe usted, sino hasta cuando logran saber cuánto te interesas por ellos".*

Entonces, la recomendación es: salga al campo y conózca a las personas, entrenelas, déles retroalimentación. Allí es donde se aprende no a utilizarlas para hacer una gran obra, sino a utilizar el trabajo propio para construir individuos grandes. Los líderes encuentran a sus seguidores en el campo.

¿Qué es exactamente "el campo"?

¿A qué me refiero cuando digo "el campo"? Hago referencia al terreno del actuar. "El campo" es donde trabajamos juntos como equipo. Hay un viejo proverbio japonés que dice: *"Una sola flecha puede ser rota en dos pronto, pero no si se halla en un paquete de diez".*

Los miembros de mi equipo han aprendido a ser trabajadores en el campo. Desde las secretarias hasta los músicos, desde la gente del guión hasta la del sonido, desde los coordinadores de eventos hasta los consejeros; todos ellos están en el campo y han aprendido a trabajar en él.

Mi intensión es producir líderes con corazones grandes y con cabezas delgadas; no líderes con cabezas grandes y corazones delgados.

Después de cada evento yo animo al personal de mi equipo a ir y encontrarse con la gente y a conocerla. Es allí donde están, en el campo. Allí es donde están nuestros futuros cantantes, músicos, bailarines, líderes, trabajadores. Y es allí en el campo donde mi equipo encuentra la motivación para hacer lo que hace.

Mi intensión es producir líderes con corazones grandes y con cabezas delgadas; no líderes con cabezas grandes y corazones delgados. Mi deseo es producir líderes en todas las áreas de la vida —gente que no sólo esté interesada en desarrollar habilidad técnica, sino gente que pueda ayudar a romper las cadenas que impiden que las personas alcancen su potencial pleno en la vida. ¿Dónde ocurre todo eso? En el campo.

Los dictados del General Douglas MacArthur son muy familiares a todos los cadetes de West Point. Dichos dictados están labrados en una roca en el edificio principal de entrenamiento en West Point: *"En los campos de la contienda amistosa se siembran las semillas que, en otros días, en otros campos, darán los frutos de la victoria".* Es en el campo donde aprendemos a trabajar en equipo, donde captamos el espíritu del equipo, es el lugar en que nos preparamos para la interdependencia, para trabajar en unidad, donde experimentamos el poder de la unidad y asimilamos el significado de la cohesión y construimos la moral. Nos instruimos para escuchar al capitán, asistir al que está lastimado, para caminar la milla extra, y todo porque somos un equipo. Estamos listos a celebrar cuando alguien anota un gol y a defendernos cuando se nos ataca.

Cuando se está allá afuera en el campo, se logran ver las cosas desde el punto de vista, no del comentarista o del expectador, sino del participante o competidor. En los deportes, cuando los comentaristas hablan, muchas veces no presentan los asuntos con la claridad esperada; pero cuando los jugadores hablan usted puede conocer los asuntos de primera mano. En el campo usted puede desarrollar orgullo de equipo o de organización. Orgullo de lo que se hace y de lo que se logra.

Cómo construir grandes personas a través de la mentoría

Finalmente, la mentoría tiene que ver con dirigir; y, como lo consideramos en el primer capítulo, dirigir tiene que ver con construir grandes personas, con hacerlas crecer, con fortalecerlas, con honrarlas, y con prepararlas para ser ganadoras. Aquí hay algunas cualidades que como líder y mentor usted deberá esforzarse por desarrollar en sus seguidores:

- Ser el más rápido.

- Ser el más eficiente.

- Ser integral.

- Ser creativo.

- Ser productivo.

- Ser trabajadores asiduos.

- Producir los mejores resultados.

- Obtener los mejores dividendos.

- Inspirar grandes sueños en otras personas.

- Ser relevantes para otras personas.

En este capítulo hemos aprendido que sin relaciones, la mentoría y el liderazgo vibrante no pueden existir. En el siguiente capítulo explicaré con más detalle lo que significa ser un líder relacional eficaz.

CAPÍTULO 3

LAS CUALIDADES DE UN LÍDER EFICAZ

En el capítulo anterior observamos que las *relaciones eficaces* son parte integral de la labor de la mentoría y de formar a la próxima generación de líderes. Ahora me gustaría examinar algunas de las características de los líderes relacionales, es decir, las características y rasgos que hacen que tengan éxito al formar a grandes personas.

Describir las muchas cualidades que se necesitan para el liderazgo relacional efectivo tomaría volúmenes enteros, pero aquí deseo resaltar las más notables. Podemos comenzar con una de las más importantes: Visión —la importancia de pensar en grande.

PENSAR EN GRANDE

Un líder tiene que tener esta habilidad y crecer más allá de sus limitaciones. Tener visión de la imagen completa es una prioridad constante para cualquiera que desee ser un líder exitoso. Sin esa visión progresamos poco. Es importante entender que cada paso

Es importante entender que cada paso pequeño es el resultado de un gran pensamiento.

pequeño es el resultado de un gran pensamiento.

Al desarrollar las actividades de una organización debemos dar consideración a la forma *como* pensamos. John F. Kennedy dijo: *"Algunas personas ven las cosas como son y piensan, '¿por qué?'. Yo sueño con cosas que no han sucedido y pienso, '¿por qué no?'"*

El líder que piensa en grande, ve el futuro mejor que el presente. Como visionario, usted deberá ver las cosas positivas en vez de centrarse en las negativas. Se trata de ver oportunidades donde otros ven problemas; la belleza en medio de lo desagradable. Encontrará respuestas, cuando los demás sólo busquen cuestionar; buscará soluciones donde otros sólo señalen para acusar, y verá el potencial de las personas que ni siquiera lo han percibido. Estas actitudes son la esencia de pensar en grande.

Pensar en grande crea propósito

Hace algunos años, nuestros eventos de Jóvenes Vivos de final de año no proyectaban ser tan grandes como los de principio de año. Nos enfrentamos con la posibilidad de tener que cambiar de locación y de limitar nuestras actividades de fin de año. Recibimos todo tipo de excusas —la temporada navideña, los exámenes de los estudiantes, distintas ocupaciones, etc.

En mi corazón, realmente creía que el problema era de visión. Así que, en lugar de retroceder, e irnos a un edificio más pequeño y recortar los eventos, sentí que la respuesta era hacerlos más grandes y mejores, y de esa forma darnos un propósito por el cual trabajar.

La fe más allá de la imaginación

Otro importante subproducto de esta visión renovada ha sido el trabajar con otras organizaciones que antes parecían hostiles a lo que estábamos haciendo. Nuestros competidores se convirtieron en nuestros colegas. Lo que nos unió fue una visión, una meta y un propósito comunes. Requirió de nosotros pensar en grande.

Alguien que piensa en grande capturará una visión, la pondrá en palabras e inspirará a otras personas para acrecentar su fe en cumplir con la misión. El autor del libro *Making a Difference* dice, *"La visión, en su forma más pura, llega incluso más allá de los límites de la imaginación".*

La persona que piensa en grande, también tiene una fe grande. Hay una historia sobre la profesora de un jardín infantil que le preguntó a una niña qué estaba dibujando. La niña contestó: *"Estoy haciendo un dibujo de Dios".* La profesora, con algo de duda en su corazón, le dijo: *"Pero, nena, nadie sabe cómo es Dios".* La niña, rebosante de vitalidad y llena de fe, le respondió: "Lo sabrán en un minuto".

Eso es pensar en grande, es decir, pensar y creer que puede lograr lo que se ha propuesto. Los que piensan en grande tienen fe en la gente, en sí mismos, en su misión y en su comunidad. Es difícil desplegar fe cuando vemos los titulares de los periódicos o escuchamos las noticias —hay mucha negatividad ahí afuera. Pero quiero afirmar enfáticamente: *Se puede creer en las personas, en los sueños y en la habilidad que el ser humano tiene para lograr grandes cosas.*

Las luces más brillantes resplandecen aún en los tiempos más oscuros; en los tiempos de lucha, de dificultad, de recesión, de violencia y de crimen. La persona que piensa en grande entiende esto y continúa teniendo fe, la cual se convierte en un catalizador para otros, para lanzarse al vacío. El líder que desarrolla la habilidad de pensar en grande,

> La fe de alguien que piensa en grande se convierte en un catalizador para otros, para lanzarse al vacío.

dirigirá a sus seguidores hacia una vida positiva y fructífera. Les dará oportunidades para incrementar sus capacidades. Nunca subestime el poder de pensar en grande; es lo que hace la diferencia en el mundo.

El problema de hacer suposiciones

Los que piensan en grande, entienden que las suposiciones equivocadas son el centro de las decisiones equivocadas y la razón de que haya malas relaciones, además de personas y sistemas que no funcionen bien. Debemos cuidarnos de hacer suposiciones. Siempre revise y vuelva a comprobar lo que supone. Después de todo, las suposiciones son sólo eso: ¡suposiciones!

Uno de los ejemplos más trágicos y horrendos del problema de hacer suposiciones es la Guerra de Vietnam. He visitado el Washington Memorial, monumento que conmemora a los 58.000 jóvenes soldados americanos que murieron en combate en Vietnam, y no he podido evitar conmoverme. El libro *En Retrospectiva (In Retrospect)*, de Robert MacNamara, es una lección sobre las pesadillas del liderazgo. La premisa de este libro es que muchas de las decisiones que estimularon el conflicto de Vietnam, estaban basadas en suposiciones erróneas.

Recuerdo haber visto una película en la que alguien preguntaba qué pasa cuando se suponen demasiadas cosas. La respuesta directa fue: Nos pones en ridículo tanto a tí como a mí.

Sugerencias para convertirse en alguien que piensa en grande

1. *Vea siempre el lado bueno de la vida.*

2. *Enfóquese en ver la imagen completa de las cosas.*

3. *Cuando tenga dudas, sólo crea.*

4. *Entienda que las cosas nunca son tan malas como parecen (podrían ser peores, ¡pero nunca tan malas! Siempre mantenga su sentido del humor).*

5. *Todos los días traen una nueva oportunidad.*

6. *Mantenga simple su visión.*

7. *Nunca base sus decisiones en suposiciones.*

8. *No añore cómo eran las cosas en el pasado, sino proyecte cómo pueden ser.*

9. *Construya un gabinete estratégico de personas que piensen en grande.*

10. *Tome riesgos e imagine lo que puede lograr si simplemente cree.*

LA CREATIVIDAD

Otra cualidad vital del líder eficaz es la creatividad. El líder que quiere construir grandes personas debe ser creativo. Con frecuencia limitamos la creatividad a las artes, pero esta cualidad puede manifestarse de muchas maneras. No se limita a las vocaciones como la poesía y la escritura. La creatividad puede demostrarse *en la forma como hacemos las cosas.* Puede haber creatividad en los negocios; en la forma como motivamos o reclutamos a los colaboradores; en cómo los recompensamos y en la forma como trabajamos.

La creatividad y el cambio

> La esencia de la creatividad es tener el coraje de cambiar.

A su vez, el cambio requiere de creatividad. Estos dos conceptos van de la mano. En mi libro anterior, *Dreamers never sleep,* sostuve que la única constante en la vida es el cambio.

Los cambios que se han visto en los últimos años son sorprendentes y nos dejan asombrados. El internet, las actuales tecnologías, la nueva posibilidad de las personas de ganar dinero que sus padres sólo pudieran haber soñado, etc. Cuando analizamos estos cambios descubrimos que la clave de todo eso ha sido la creatividad. Las personas creativas motivan e inspiran el cambio.

> *"Más que cualquier otra cosa el liderazgo tiene que ver con crear un nuevo estilo de vida... los líderes deben impulsar el cambio".*
>
> Kouzes Posner

Este tipo de personas no vuelan solas; necesitan rodearse de individuos buenos que implementen los cambios. Pero ellos se convierten en los catalizadores, en fomentadores, la inspiración detrás del cambio. En su libro *El desafío del liderazgo (The Leadership Challenge)*, Kouzes Posner declara: *"Más que cualquier otra cosa el liderazgo tiene que ver con crear un nuevo estilo de vida, y para hacer eso, los líderes deben impulsar el cambio, tomar riesgos y aceptar la responsabilidad de hacer que el cambio suceda".* Aquí quisiera resaltar dos palabras: crear y cambio. Todos los cambios son creados. Cuando usted crea algo nuevo, inevitablemente resulta en un cambio.

Una de las cosas que más disfruto es ver a los jóvenes desarrollar su creatividad. En los pasados doce años, hemos podido introducir a algunos en las artes e impulsado a otros hacia plataformas como oradores motivacionales. Pero, para encontrarles empleo, hemos tenido que hacer cambios —cambios organizacionales, cambios en la forma como vemos y nos acercamos a las cosas, y cambios en nuestras motivaciones. Todo esto ha requerido creatividad.

Las raíces de la creatividad

1. La creatividad surge de la disconformidad con el status quo.

2. Debe plantarse un pensamiento o una semilla.

3. Para que esa semilla se convierta en una planta, se debe regar y cultivar.

4. Un plan creativo debe ser visto a la luz de la misión, propósito y significado que proporciona la imagen completa.

5. Se debe convocar a las personas que puedan implementar la idea creada.

¿Cómo se desarrolla la creatividad?

No todos nosotros tenemos un temperamento creativo, pero todos podemos desarrollar una disposición mental creativa. Esto se puede lograr de las siguientes formas:

*   Exprese sus ideas en voz alta con personas de confianza y ayúdeles a entender lo que piensa.

*   Pase tiempo con gente creativa. Como ya hemos resaltado en este libro, *"el hierro se aguza con el hierro"*.

*   Nunca se estanque cuando esté en la cima; esto le ayudará a seguir siendo creativo.

*   Siempre esté deseoso de hacer que las cosas mejoren. No permita que su organización, sus negocios o su vida caigan en la zona desapasionada de la autocomplacencia.

*   Desarrolle sesiones con su grupo de trabajo en busca de creatividad.

*   Sea decisivo.

La creatividad y el ser decisivo

No se me ocurre una forma más grande de desperdiciar energía, talento y recursos que en la indecisión. Nada pasa hasta que se toma una decisión. El líder que toma decisiones, sabe que cuando no se enfrentan los problemas, estos durarán para siempre.

Nada ocurre hasta cuando se toma una decisión. La indecisión retarda el progreso, ahoga el futuro, frustra la prosperidad financiera y paraliza las oportunidades.

Los dilemas no se resuelven y las soluciones no se encuentran simplemente por darle vueltas a los problemas. Las decisiones angustiosas pueden desvelarlo pensando en los posibles resultados; pero en algún punto, debe tomarse una decisión, antes que se pueda emprender cualquier acción. Y alguien debe hacerse responsable por esas decisiones. El distintivo del verdadero liderazgo es tomar decisiones en tiempos de crisis y aceptar la responsabilidad por ellas. La indecisión retarda el progreso, ahoga el futuro, frustra la prosperidad financiera y paraliza las oportunidades.

El peligro de la indecisión y la dilación

La costumbre de postergar, no lo llevará a su destino ni edificará a quienes le rodean. A menudo digo que la habilidad más grande del ser humano es la de tomar decisiones, pero la inhabilidad más grande es la no tomarlas. Las dos tienen consecuencias poderosas.

La indecisión y la dilación llegan frecuentemente con la apariencia de *"organicemos un comité", "analicemos esto nuevamente más tarde",* o *"realicemos una encuesta".* Aunque tales estrategias pueden resultar legítimas en algunos casos, muchas veces se convierten en excusas y disfraces para la indecisión.

Cuando hablo con jóvenes, me gusta llevarlos a un punto de decisión en la vida. No pueden avanzar, a menos que decidan hacerlo; no logran dejar las drogas, a no ser que resuelvan hacerlo; no buscan mejores oportunidades para su futuro, si no optan por ello. No va a presentarse una oportunidad, sin que antes se tome una decisión. No habrá prosperidad, sin que se tome una decisión.

No se puede construir un destino sobre una base de dilación. Esto solamente augura la muerte de una organización y del futuro de la gente. El postergar es un asunto que los líderes eficaces no pueden permitirse.

Ser dueños de nuestras decisiones

Como líder, usted no sólo debe tomar decisiones; también necesita adherirse a ellas. Los líderes que vacilan constantemente entre decidir y retractarse, sólo crean confusión, desánimo y desilusión en su organización.

Los líderes eficaces son dueños de sus decisiones. Mostrarán firmeza, y, si toman una mala decisión, no vacilarán en responder y admitir su error. Luego, tomarán una decisión para avanzar y no quedarse en el error. Todo es cuestión de decisiones.

Las personas aprecian a los líderes que, a pesar de que en algún momento han tomado malas decisiones, admiten que se han equivocado. Se requiere de verdadero valor para poder decir *"Me equivoqué,"* y también se requiere tener la cabeza bien puesta en su sitio cuando la gente responde *"Me temo que tienes razón."*

Es importante entender que los líderes toman decisiones, a veces de forma autónoma, a veces después de consultar con otras personas. Pero, si un líder toma una decisión y luego asegura que se trató de una idea del grupo o el equipo, tal persona carecerá de credibilidad y honestidad.

Los líderes eficaces son dueños de sus propias decisiones.

Si usted toma decisiones sin consultar a otros, dígalo; Si los miembros del equipo esperan involucrarse, permítales hacerlo. Infórmeles sobre las expectativas y procedimientos; sea honesto sobre las decisiones que toma. Si dice que es una decisión de equipo, entonces haga que lo sea. Si dice que es su decisión, apéguese a ella. Cualquiera de estas dos opciones es buena, pero establezca los límites de forma clara y honesta.

Claro, es importante entender que los comités y las juntas a menudo destruyen el proceso de tomar decisiones. J. Donald Walters lo dice de esta forma: *"Infortunadamente, para muchas personas, la conversación es, en esencia un substituto de la actividad. Imaginan que decir algo es equivalente a lograrlo"*. El líder eficaz sabe que una enciclopedia de buenas ideas no sustituye, en lo más mínimo a ponerlas en práctica.

Es bueno estimular a otros a tomar decisiones por sí mismos. Al hacer eso, usted les ayuda a cultivar y aumentar su confianza en sí mismos. Pero, asegúrese de entender que las decisiones tienen múltiples consecuencias y efectos. Es importante tomar las decisiones correctas, especialmente cuando involucran a otras personas.

Cómo tomar decisiones

Cuando esté a punto de tomar decisiones, plantéese las siguientes preguntas:

1. *¿Soy yo la persona apropiada para tomar esta decisión?* Esto no significa que usted quiera evadir su responsabilidad, sino que más bien, desea evaluar si está en condiciones de tomar la decisión. De igual manera es bueno preguntarse: ¿Estoy yo envuelto emocionalmente en el asunto o no? ¿Estoy bien informado de todo lo que envuelve tomar esta decisión?

2. *¿Es claro el objetivo de la decisión?* En otras palabras, ¿es suficientemente claro en mi mente el objetivo que quiero alcanzar, de modo que pueda tomar esta decisión?

3. *¿Estoy actuando o reaccionando?* ¿Estoy yo procediendo sobre la base de actuar para el beneficio de otras personas, del beneficio de la organización para la cual trabajo o para el éxito futuro de mi propia vida? ¿Estoy reaccionando por pura emoción o por cólera?

4. *¿He considerado todas las opciones?* ¿Me he preguntado los pro y los contra de mi posible decisión? ¿Cuento con distintas alternativas para llevar a cabo mi decisión? ¿Es prudente consultar con algún equipo o grupo de personas antes de tomarla? Para tomar decisiones sabias ser requiere desplegar buen juicio y ello requiere discernir entre múltiples opciones.

No resulta nada creativo el evitar tomar decisiones. Una de las grandes lecciones que se aprende en la vida es que, a medida que los líderes toman buenas decisiones, estos desarrollan más su sentido de buen juicio, lo que a su vez genera más creatividad. El buen juicio nace de la experiencia. El líder con el don de la creatividad, se convierte en un buen tomador de decisiones, lo cual beneficia a la gente a su alrededor.

EL LÍDER Y LOS RIESGOS

El líder relacional no sólo toma decisiones creativas, sino que también asume riesgos. Como líder, *aprenda a tomar riesgos.* Paul Fulton, anterior presidente de Sarah Lee, dijo: *"La confianza y el asumir riesgos es lo que transforma a los gerentes comunes en grandes empresarios corporativos".* El líder eficaz debe asumir riesgos y requiere trabajar con personas que los asuman. Si usted despide a alguien después que esta persona ha cometido un error significa que usted no tiene el corazón de un líder. Usted estará formando líderes que actúen bajo el temor en vez de formar líderes que sean valientes y valerosos. Uno debe asumir un riesgo calculado con las personas.

El riesgo es algo que afrontamos todos los días aun sin dar mucha consideración a ello. Por ejemplo, asumimos riesgos cuando atravezamos una avenida, cuando nos subimos a un avión, cuando utilizamos nuestro automóvil o cuando acordamos una cita. En todos esos momentos nos estamos arriesgando al peligro, a la muerte o a un rechazo. El riesgo es algo que ocurre todos los días.

"Confíe en la gente y ellos recompensarán esa confianza. Trátelos de forma excelente y ellos también lo tratarán a usted de forma excelente".

Ralph Waldo Emerson

Los líderes conocen el valor del riesgo. Eso significa lanzarse a lo profundo a pesar de que los demás se mantengan en las aguas poco profundas. Pero allá en lo hondo es donde se pueden atrapar a los peces grandes, es decir, los que verdaderamente vale la pena atrapar.

Extienda su zona de confort

La gente suele apegarse a lo familiar. La zona de confort crea en nosotros un efecto adormecedor.

Cuando inicié los eventos de Juventud Viva, cierto líder me dijo: *"Nunca hemos hecho antes algo así; la música suena muy alto, y se habla de forma directa; todo está en el borde".* Y él tenía razón. No obstante, los frutos son bastante evidentes ahora, especialmente cuando consideramos los miles de vidas que han recibido una influencia positiva. Cuando el proyecto era *"seguro"* y estaba vinculado a factores que no implicaban riesgo, no podía crecer.

Es muy importante entender que si uno no vive en el borde, *está ocupando demasiado espacio.* ¿No es así? El confort suministra una sensación de seguridad. Nos llegamos a sentir cómodos con toda clase de cosas en la vida —nuestro vecindario, nuestra casa, el supermercado local, la iglesia a la que vamos. No obstante, con esa comodidad viene la complacencia.

Los líderes verdaderos van y se introducen en el área de lo desconocido.

Errores lamentables

Rehusarse a tomar riesgos puede llevar a cometer errores lamentables. Por ejemplo, cierto productor rechazó en una ocasión el manuscrito de *Lo que el viento se llevó.* Michael Jordan dijo en una ocasión: *"Puedo aceptar el fracaso, todo el mundo fracasa alguna vez; pero lo que no puedo aceptar es no intentarlo".*

Debemos asumir el riesgo de salir de nuestras zonas de confort mentales. Con bastante frecuencia me asombra sobre cómo la gente puede rechazar propuestas comerciales o la proposición de un plan de negocios porque tienen el concepto mental de lo que se supone que debe ser, o porque una fuente contrariada de segunda o tercera mano les ha dicho algo negativo. Tales personas nunca se atreven a adentrarse en las aguas profundas del éxito o de una mejor oportunidad financiera porque no están listas para asumir el riesgo. Con todo, asumir riesgos en los negocios es una de las cosas más simples de la vida.

Richard De Vos dijo en una ocasión: *"Lo único que separa a un hombre de él y de lo que quiere en la vida es simplemente la voluntad de intentarlo y la fe de creer en que es posible".* Quienes asumen riesgos siempre se dan la oportunidad de creer que es posible alcanzar lo improbable. *¡Desarrolle el corage de alguien que asume riesgos!*

Esté en búsqueda de nuevos riesgos

Un líder que asume riesgos es alguien que siempre estará en búsqueda de *nuevos riesgos*. Sea la clase de persona que no se contenta sólo con pequeñas victorias. Procure alcanzar grandes metas. Pelé, uno de los mejores jugadores de fútbol de todos los tiempos dijo en una ocasión: *"Cuanto más difícil sea la victoria, mayor será la felicidad al alcanzarla".*

Steve Potter también dijo: *"El camino hacia el triunfo tiene muchas zonas de parqueo tentadoras".* No deberíamos quedarnos sólo viviendo de los truinfos pasados, deberíamos querer alcanzar triunfos futuros. No utilice sus victorias anteriores como si se tratara de una hamaca en la cual se duerme;

> Rehusarse a asumir riesgos con frecuencia conduce a obtener resultados lamentables.

más bien, utilícelas como plataformas de lanzamiento para victorias futuras. Las situaciones y las personas pueden impedir su progreso temporalmente; no obstante, rehusarse a asumir riesgos puede impedirlo de forma permanente.

> **"Cuánto más difícil sea la victoria, mayor será la felicidad al alcanzarla".**
>
> Pele

Para asumir riesgos se necesita valor. Es como lo expresó Peter Drucker en otras palabras: *"Cuando usted vea que hay un negocio exitoso, es porque alguien tomó una decisión valerosa".* La decisión valerosa implicó un riesgo. Tal vez no habían garantías, sólo fe ciega. Cada vez que lanzo un evento, asumo riesgos. No hay nada que garantice que la gente va a venir, excepto mi creencia de que van a venir. Yo creo que nosotros tenemos algo que ellos necesitan, algo que sólo nosotros podemos darles.

Tomar riesgos puede significar dejar viejas amistades y hacer nuevas. Si usted se ha cambiado de casa y se ido a vivir a una nueva zona, está al tanto de lo difícil que puede ser entrar en las nuevas estructuras que ya existen. Implica un riesgo entrar en ellas y conocer a nuevos amigos. Para llegar a ese nuevo círculo de personas necesitamos desarrollar un nuevo sentido de corage personal y debemos estar dispuestos a enfrentar un posible rechazo. Es el riesgo que se debe asumir.

Quien toma el riesgo debe entender que no habrán oportunidades si estas no se crean. Nosotros creamos nuestras oportunidades. Geena Davis dijo: *"Si no arriesgas nada, entonces estarás arriesgandolo todo".* Si usted no está dispuesto a arriesgar algo, nunca obtendrá nada en la vida.

Cuando usted toma riesgos puede...

1. *Crear oportunidades para usted y para otras personas.*

2. *Incrementar su conocimiento y experiencia.*

3. *Descubrir sus habilidades.*

4. *Obtener sentido de logro.*

5. *Acrecentar las destrezas y habilidades de otros.*

6. *Superar la atmósfera de duda.*

LA PASIÓN

Una cualidad adicional del líder relacional eficaz es la pasión. Gordon MacDonald, autor destacado, dijo: *"Quienes alcanzan la cumbre en los negocios, los deportes, la academia, la ciencia y la política, normalmente lo hacen porque están movidos por la pasión".*

Yo soy italiano —la pasión la llevo en las venas. Los italianos somos apasionados por naturaleza. Somos apasionados por la buena cocina, por el amor, y por los deportes.

Sólo se necesita ir a Italia durante el campeonato nacional de fútbol para sentir la pasión por el deporte. Recuerdo haber tenido la experiencia de intentar ser atendido en un restaurante durante un partido de eliminación por un cupo a la Copa del Mundo. Descubrí que te puedes sentar allí por horas y no ser atendido. Uno puede enfadarse o incluso intentar sobornar, pero eso no logra nada. ¿Por qué? Porque aman el fútbol. Sienten una pasión vibrante por este deporte. Los aficionados se sienten jugadores y experimentan lo que los jugadores encuentran en la cancha (o al menos eso es lo que piensan). Cuando el equipo anota un gol, la pasión es monumental. Cuando el equipo pierde, es como ir a un funeral.

Ahora, piense por un momento en las bodas italianas. Algo que me encanta es la gran alegría que se manifiesta en ellas y su ambiente festivo. La comida de la ocasión se compone de ocho o nueve platos; el

La pasión diferencia a los grandes líderes de los líderes comunes.

canto, el baile y el espíritu de la comunidad están llenos de pasión. Es una fiesta que se extiende por seis o siete horas. Los novios van de mesa en mesa abrazando y besando a sus invitados, compartiendo los alimentos con ellos, bailando y celebrando la formación de la nueva familia. Todo el mundo en la celebración se contagia de la alegría de la ocasión. No hay nadie aburrido. Es una festividad tumultusosa por la vida, por el amor y por la familia.

Cuando uno asiste a una boda de estas siente como si recién se hubiera vuelto a enamorar de su cónyuge. Y esto sucede por la pasión que se experimenta en la celebración. Y no estamos hablando de una pasión del tipo sensual, sino del regocijo y del entusiasmo por el matrimonio que se acaba de formar. Es algo contagioso.

En verdad pienso que nosotros los italianos podemos mostrarle al mundo cómo se hace una fiesta. Se experimenta algo maravilloso al observar el gozo sin inhibiciones y el entusiasmo que la gente apasionada siente por la vida.

El deseo que nos mueve

La pasión diferencia a los grandes líderes de los líderes comunes. La pasión es la cualidad interior que nos lleva a trabajar con ardor en lo que nos hemos propuesto. Es esa fuerza y ese deseo el que nos mueve a continuar aprendiendo y a alcanzar nuestras metas.

Yo siento mucha pasión por lo que hago. Me apasiona trabajar con mis colaboradores y luchar por mis sueños. Esa pasión con frecuencia me mantiene despierto en la noche pensando creativamente en las cosas. En ocasiones llamo telefónicamente a uno de mis colaboradores en horas no laborales para compartir mis ideas con ellos y para buscar retroalimentación de ellos. ¿Y por qué lo hago? ¡Porque siento una gran pasión por desarrollar mis proyectos!

Nunca debemos temer a manifestar pasión. Tenerla resulta en algo muy positivo. La pasión nos permite mantenernos en vanguardia y receptivos a los nuevos desafíos. Es lo que hace que nuestra sangre continúe circulando. Yo no quiero envejecer habiendo evitado las experiencias nuevas. Yo deseo lograr lo máximo y anhelo que los demás también lo logren. Eso es lo que me mantiene joven y vigente como líder.

La pasión vence los obstáculos

Recientemente tuve una experiencia física dolorosa. Estaba en la hora de almuerzo en mi horario habitual de trabajo y de repente experimenté un dolor muy fuerte, paralizante en la parte superior de mi espalda. Me vi obligado a quedarme inmóvil por el intenso dolor. Enseguida fui al médico y este me aconsejó que guardara descanso.

Pero para mí era muy difícil descansar cuando lo que quería hacer era escribir (en realidad estaba escribiendo este libro en ese momento, de hecho este capítulo).

La pasión abre el camino cuando no existe camino.

La desilución de no poder escribir resultaba peor que el dolor que estaba sintiendo. ¿Por qué? Porque me apasiona escribir y plasmar mis pensamientos en el papel.

Con todo, ahora estoy temporalmente incapacitado y no puedo escribir. Entonces, ¿qué puedo hacer? He conseguido un dictáfono y he empezado a grabar. *La pasión abre el camino cuando no existe camino.*

Fervor, entusiasmo y celo

La pasión despierta nuestra curiosidad y nos lleva a ir a donde los demás renuncian de ir. La pasión es lo que nos da el aventón para alcanzar las estrellas.

El diccionario define pasión como un *"sentimiento profundo hacia algo, acompañado de fervor, entusiasmo y celo".* La pasión es la leña del fuego, el combustible en el motor. Sin pasión nada realmente funciona. Ella genera entusiasmo extraordinario y nos permite transformar lo rutinario. Nos salvaguarda de centrarnos en los logros que no tienen verdadero significado.

Piense en una novela impactante y enseguida encontrará que detrás de ella estuvo un autor apasionado. Piense en un negocio sobresaliente y allí encontrará a un empresario apasionado. Una de las necesidades más grandes de la juventud es la pasión. Con frecuencia escucho que los jóvenes son rebeldes. Eso puede ser cierto en algunos casos. No obstante, lo que con más frecuencia observo es que la gran falta de carácter de los jóvenes es su gran falta de pasión.

Cómo líderes debemos manifestar pasión y devoción por nuestros colaboradores (la que es del tipo correcto). Cuando estamos apasionados por nuestra visión, eso se evidencia y se trasmite a ellos. También debemos manifestar pasión al servir a otros, o a nuestra familia, a nuestros compañeros, asociados y colegas en los negocios.

La pasión, manifestada de esta forma es contagiosa y ayuda a construir relaciones sólidas con otros. Une a las personas en una causa y un propósito común; y esta es la escencia del líder relacional.

La pasión, ayuda a vigilar la actitud

Yo soy un fanático de mantener la actitud correcta, y he encontrado que la pasión es una de esas cosas que me permiten mantener vigilada mi actitud. La pasión me permite hacer las cosas con gozo de corazón en vez de simplemente actuar por la emoción del momento. De acuerdo a la corporación *Marketing and Research Corporation of Princeton*, de Nueva Jersey, entre el 50 y el 80% de los americanos tienen el trabajo equivocado y si eso es así, difìcilmente va a sentir pasión por su trabajo.

Resulta complicado sentir pasión si se está en el lugar equivocado, en el momento equivocado y por las razones equivocadas. Sin embargo, cuando hacemos lo que nos gusta, estamos en el lugar correcto y siempre estaremos en el momento indicado. Haremos las cosas por las razones correctas y eso nos mantendrá trabajando con pasión y con felicidad. La pasión y la felicidad son dos expresiones que se relacionan mucho la una con la otra. La pasión que manifiesta un líder es contagiosa. Es lo que hace que otros se sientan atraidos a la causa.

Pasiones diferentes

> Sin importar el tipo de personalidad que tengamos, manifestemos pasión.

Todo el mundo tiene pasiones diferentes. A algunas personas les apasionan los deportes, a otros los computadores y a otros su jardín o sus mascotas. *David Kiersey y Marilyn Bates escribieron un libro en 1978 titulado, Por favor, ¡entiéndeme! (Please, Understand Me).* En su segunda página estos autores escribieron esta nota excepcional: *"Todos tenemos motivos, propósitos, aspiraciones, valores, necesidades, e impulsos diferentes. Nada es más fundamental que eso. Todos creemos cosas diferentes. Todos pensamos, reconocemos, conceptualizamos, percibimos y comprendemos de forma diferente. Y por supuesto, asuntos como nuestro actuar, nuestras emociones, gobernadas por deseos y creencias, difieren radicalmente de las de las demás personas".*

Dadas esas diferencias en personalidad, creencias y deseos, manifestamos nuestra pasión de diferentes formas. Por ejemplo, las personas con inclinación melancólica (las personas melancólicas por lo general son muy creativas) pueden demostrar su pasión a través de la música. En cuanto a mí, siendo un sanguíneo – colérico, yo demuestro mi pasión a través del entusiasmo y por el celo de hacer las cosas. Pero el punto es que sin importar el tipo de personalidad que tengamos, lo que todos debemos hacer es manifestar nuestra pasión a través de ella, porque la pasión es el combustible que lleva a que las cosas se hagan.

Manifestar pasion no tiene que ser un asunto de hacer ruido. Puede ser también algo tranquilo. La pasión tiene que ver con los sentimientos y con la expresión más que con el alboroto. ¿Con cuánta frecuencia no escuchamos hermosas canciones de amor que pese a ser suaves y tranquilas están llenas de gran pasión? La pasión es algo que se hace visible. La pasión es la pared que separa al logro de la mediocridad. Cuando manifestamos pasión aportamos todo lo mejor de nosotros, nuestra capacidad mental, nuestra voluntad, nuestras emociones y nuestras fuerzas, lo cual redunda en entusiasmo y en sentido de propósito.

Recuerdo que en una ocasión asistí a una reunión para escuchar a un predicador de 80 años de edad. Este hombre no tenía la agilidad física ni los ademanes de un orador joven. No obstante, su profunda pasión por su mensaje y su voz eran cautivantes y motivadoras. Superaba a los oradores jóvenes de su día. Y lo que es más, todos queríamos construir una amistad con él porque su pasión lo convertían en un líder relacional.

Cómo conservar la pasión

Como líder relacional, con todas las demandas que exige la mentoría, la planeación, y la visión, para no mencionar las exigencias diarias de gerenciar su empresa, puede resultar fácil perder la pasión. Esto es algo que también puede ocurrir de vez en cuando. ¿Qué se puede hacer para conservar la pasión? Intente lo siguiente:

1. Dedíquese a hacer aquello en lo que usted sea bueno

Sea fiel a usted mismo y al objetivo que se ha propuesto. Conozca bien sus fortalezas y dones, y permita que estos complementen sus deficiencias. Esto le permitirá mantener la pasión.

El don que yo tengo es el de motivar y querer a la gente. No me disculpo por ello. Si usted permanece cerca de mí lo suficiente, yo permaneceré hablándole de la gente. Esa es mi especialidad. Yo sé que mi don está en esto, de modo que hago todo lo necesario para mantenerme concentrado trabajando con las personas, especialmente con los jóvenes y los líderes del negocio, mis dos pasiones en la vida.

Yo necesito saber qué es lo que me hace ser una persona mejor. Para decirlo de una forma más simple, esa es mi vocación. Yo debo saber cuál es mi vocación, mi propósito y mi motivación, así puedo conservar mi pasión.

2. Esté dispuesto a pagar el costo

La única manera de experimentar grandes victorias es mediante invertir todo lo que usted es en su realización. Este es el gran costo que se tiene que pagar por el éxito, pero bien vale la pena el precio.

La pasión es la que alimenta el fuego que permite hacer los sacrificios necesarios para alcanzar la victoria. Winston Churchill dijo: *"No tengo nada más que ofrecer que mi sangre, mi afán, mis lágrimas y mi sudor".* Para muchas personas la palabra *"sangre"* es algo desagradable. El término sacrificio es un precio que pagan los fanáticos o los tontos. Pero no hay nada más remunerador (y ello mantiene la pasión encendida) que obtener las recompensas que provienen del servicio y del sacrificio.

3. Sea creativo

Utilice la vena empresarial que usted tiene. ¿Cómo hago yo para conservar mi creatividad? Yo aparto tiempo para meditar. Necesito llenar mi mente con buenos pensamientos y mi cuerpo necesita estar libre de cansancio para que mi mente pueda pensar con claridad. Entonces es cuando vienen los pensamientos creativos impulsados por la pasión.

4. Cultive un deseo desesperado de truinfar

Vince Lombardi dijo en una ocasión que ganar es un hábito. Desafortunadamente, lo mismo es cierto respecto a perder. Debemos desarrollar pasión por ganar. Todavía no conozco al primer equipo al cual no le interesara ganar y que haya ganado. Todo equipo de competencia se siente motivado por la pasión por ganar.

5. No se sienta amenazado por otras personas talentosas

Nada quita más el gozo de la pasión que una disposición amenazada. Aprenda a disfrutar y alinearse con el éxito de otras personas. Thomas Jefferson dijo: *"Confiamos en nuestra fortaleza sin alardear de ella, y respetamos la fortaleza de otros, sin llegar a temerle".*

6. Mejore sus deficiencias

No se sienta desanimado por sus debilidades. Utilícelas como plataforma de apoyo para el desarrollo personal y la excelencia.

7. Identifique qué le apasiona

Pregúntese: ¿Qué es aquello en lo que más pienso todo el tiempo? ¿Qué es aquello que me motiva? A continuación pregúntese: ¿Qué haría yo con mi vida si tuviera la certeza de no fallar? ¿Qué es aquello que más me entusiasma y me llena de pasión? La pasión es lo que hace que uno se esfuerce, que se salga de la zona de confort y que emprenda tareas que parecen imposibles de realizar.

EL PODER DE LA CONVICCIÓN

La convicción es una cualidad esencial para el líder relacional efectivo. Deberá tener sentimientos genuinos, principios y un sentido de integridad, así como el valor para actuar en consecuencia.

Ken Blanchard y Don Shula escribieron un *libro maravilloso titulado Everyone´s a coach.* En este libro sus autores hablan del concepto de *"dirigidos por la convicción".* Este concepto implica hacer lo correcto por las razones correctas.

> **Los líderes eficaces deben tener límites y puntos de referencia.**

Los líderes eficaces deben tener límites y puntos de referencia. Sus convicciones deberán ser la brújula que determina los objetivos que buscan en la vida, así como la forma en que operan y como mantienen un derrotero estable. Las creencias y las convicciones son también importantes porque estas determinan los lineamientos bajo los cuales otros trabajan con usted. Estos límites y puntos de referencia son lo que le da altura, anchura y profundidad a la relación.

Creo que fue John Cougar Melencamp quien dijo: *"Si tú no te declaras a favor de algo podrás perder por cualquier cosa".* En mi libro *Dreamers never sleep* yo mencioné la diferencia entre vivir por convicción y vivir por preferencia. La gente no pone tanta atención a las preferencias, pero está dispuesta a morir por sus convicciones. La carencia de covicciones se puede asemejar a un río sin bordes; sólo sería un enorme charco fangoso.

De modo que es muy importante entender el poder de la convicción. Tener convicciones es lo que nos da el impulso y un sentido de dirección. Desafortunadamente, a veces los individuos y las organizaciones carecen de convicciones; por lo tanto, carecen de impulso para continuar adelante.

Las creencias clave

Los líderes deben preguntarse cuáles son sus creencias clave. ¿Cuál es la médula de la organización? Son sus creencias y convicciones lo que lo mueven a usted a actuar, y son esas mismas creencias lo que llega a convertirse en realidad.

Las creencias nacen de los sueños, y los sueños son los que nos mantienen motivados para cumplir con nuestras convicciones. Para un líder, las creencias y convicciones se convierten en un filtro, son el catalizador y el combustible que alimenta el fuego de la organización.

En nuestra organización, una de nuestras convicciones clave es que podemos hacer la diferencia en beneficio de otras personas, especialmente de los jóvenes y de los hombres de negocios. Consideramos que podemos motivar a otros a lograr una vida de excelencia.

Creemos que tenemos la capacidad de ayudar a elevar su estándar de desempeño mediante convertirnos en un factor significativo del cambio. Creemos que los jóvenes no tienen porqué ser dependientes de las drogas, estar solitarios, deprimidos, ni adoptar una actitud negativa, sino que más bien, ellos cuentan con lo que se requiere para convertirse en parte de la solución. Esta tan sólo es una parte de nuestras creencias clave.

Apéguese a sus convicciones

Son las convicciones de la organización y del líder las que infunden un sentido de orgullo y dirección tanto a los seguidores como a los líderes. Los buenos líderes se apengan a sus convicciones.

Yo tengo convicciones a las cuales me apego con bastante firmeza. Estas se relacionan con mi fe y con mis valores como persona. Con frecuencia leo libros y artículos que presentan posturas contrarias a mis creencias. ¿Por qué lo hago? Porque quiero fortalecer lo que creo. No temo a lo que otros digan. Yo tengo mi propia convicción. Algunos no se arriesgan a leer nada que esté por fuera de su caja de confort, y eso es un síntoma de debilidad.

Las convicciones no son negociables y no están a la venta.

Hace algunos años, un hombre de negocios me invitó a ir a almorzar con la intención de presentarme a algunas personas influyentes. Ellos habían escuchado sobre nuestro trabajo con los jóvenes y querían hacer alguna contribución a nuestra obra. Aquello sonó como música para mis oídos. Cuando trabajas con jóvenes necesitas de toda la ayuda financiera que puedas conseguir, especialmente del sector corporativo. Luego de una breve presentación no sentamos a comer.

La mujer influyente empezó a hacerme algunas preguntas sobre mi visión y sobre nuestra proyeccion, a lo cual yo estuve encantado de contestar. Para decir lo menos, la mujer quedó impresionada.

Enseguida vino el momento decisivo. La mujer me hizo algunas preguntas respecto a mi fe. Al final dijo: *"Señor Mesiti, mis colegas y yo estaríamos muy complacidos de contribuir con $100.000 dólares a su organización (por supuesto, deducibles de impuestos). Sin embargo, quisieramos dejár de lado el aspecto de la fe, el asunto de Dios".* Yo me quedé sorprendido.

Ahora bien, quiero que sepan esto. En el momento en que eso ocurrió, estábamos en una necesidad financiera desesperada. Estábamos hasta el cuello de deudas y no había en el horizonte asomo de salir de ellas. En ese momento yo enfrentaba una decisión: ¿Qué es negociable y qué no lo es? Yo agradecí amablemente la invitación a almorzar, y a continuación dije lo siguiente: *"Hay factores que son negociables en la vida, pero el tema de Dios no es uno de estos. Hemos podido llegar hasta el punto que hemos llegado con Dios y cualquier éxito que se haya tenido ha sido a causa de la fe. Me voy de aquí sin su dinero, pero continúo con mi fe".*

Lo que ocurrió después no pudo ser menos oportuno. Cuando terminamos el almuerzo y caminabamos hacia la calle un hombre fornido venía corriendo tras de mí proveniente de una tienda de computadores. El hombre dijo: *"Pat, cuando yo era niño, estuve en el mundo de las drogas, me deprimía y tenía tendencias suicidas. Yo asistí a una de sus reuniones y encontré mi fe. Esa decisión cambió mi vida. Ahora soy dueño de esta tienda de computadores, tengo una esposa hermosa y una gran familia".* En ese momento nos abrazamos con aquel hombre y nos alegramos de encontrarnos. En seguida, me giré hacia mis acompañantes influyentes y dije: *"Cien mil de los grandes no pueden comprar esto".*

Las convicciones deben ser repetidas vez tras vez. Tal como en la escuela primaria aprendimos las tablas de multiplicar repitiéndolas una y otra vez, en diferentes momentos y en diferente orden, así también debe ser con las convicciones.

En verdad no podemos dirigir o entrenar a otros sin una fuerte motivación interna que nos mueva a alcanzar nuestros objetivos más importantes. Y tales objetivos deben estar basados en nuestros valores.

EL DESEO

La siguiente cualidad de un líder relacional es el deseo. El diccionario Collins define *"deseo"* de la siguiente manera: *"Anhelar la posesión de, solicitar, rogar, anhelar"*. Me gusta eso, *"solicitar, rogar, anhelar"*. Cada una de esas palabras tiene mucho significado. Todo líder que ha de liderar personas y que ha de relacionarse con ellas, necesita tener un deseo, un ahnelo.

Es el deseo el que hace que uno deje de ser un espectador y se convierta en un jugador en el campo.

El deseo de servir, el deseo de lograr la excelencia, el deseo de alcanzar, el deseo de facultar, el deseo de causar un impacto; todos estos son ingredientes claves del deseo. Un líder sin deseos es como un automóvil sin gasolina. La condición mecánica del vehículo puede estar bien, pero si no hay combustible el automóvil nunca podrá andar. El deseo es como ese combustible que una vez entra al motor, hace que se encienda y que eche a andar. Es el deseo el que hace que uno deje de ser espectador y se convierta en un jugador en el campo. Es el deseo el que le ayuda a hacer su mejor parte y a dar su mejor esfuerzo.

El disfrute – una clave del deseo

Una de las claves del deseo es el disfrute. Resulta muy difícil no disfrutar de las cosas que se desean. Como líder notará que las cosas que se desean son las cosas que se disfrutan.

Aquí hay una sugerencia. Si usted no logra disfrutar algo, es porque probablemente no sea un deseo auténtico. Yo disfruto trabajar con las personas; mi deseo es verlas crecer. Yo disfruto la lectura; mi deseo es leer más y adquirir más conocimiento. Yo disfruto, no solamente alcanzar una meta, sino también el viaje hacia la meta misma.

En su libro *On Becoming a Leader,* Warren Bennis dice: *"Sólo cuando sabemos de qué estamos hechos y lo que queremos lograr, entonces podemos comenzar a vivir nuestra vida, y debemos hacerlo a pesar de la conspiración inconsciente de otros, y aún de nosotros mismos".* Cuando sabemos de qué estamos hechos y lo que queremos lograr, entonces estamos hablando del deseo puro y simple. ¿Desea usted tener el poder o facultar a otros para que lo tengan? Como líder su deseo debe ser el de impartir poder a otros.

El deseo de un líder deberá ser el de actuar como modelo para que la organzación lo siga. El comportamiento ejemplar genera respeto en la gente y eso es algo que un líder siempre debe anhelar.

> *"Los líderes ayudan a otros no reteniendo el poder, sino liberándolo".*
>
> Kozes Posner

El deseo de innovar, de tomar riesgos, de experimentar, de ser creativo, o de encontrar una mejor manera de hacer las cosas, es decir, de ser un originador, es otro deseo crucial en un líder.

El deseo de inspirar

Un líder nunca debe exigir respeto o compromiso; sólo puede inspirar estas cualidades. La inspiración se transmite a través de dar visión, dirección y sentido de propósito. El entusiasmo, el celo y el compromiso son contagiosos. Estas son cualidades que se transmiten del líder a sus seguidores. Los líderes eficaces desean inspirar a otros.

Una de las mejores claves para inspirar a las personas consiste en no mirar al pasado sino proyectarse al futuro. Uno puede aprender del pasado pero el pasado no es fuente de inspiración. Es el futuro lo que prende la chispa de la inspiración. Los líderes relacionales (quienes deben ser líderes inspiradores) deben preferir hablar del futuro y no del pasado.

Un líder nunca debe exigir respeto o compromiso; sólo puede inspirar estas cualidades.

Los líderes también deben inspirar a las personas mediante la cooperación y la colaboración, alentando el espíritu del equipo y de la organización. Esto ocurre cuando se da a la gente un sentido de empoderamiento. Cuando se empodera a la gente, y se le da la fortaleza y la relevancia apropiada, se logra el éxito. La inspiración se conecta a la mente y al corazón de las personas; un líder inspira a la gente a actuar desde el corazón y no solamente desde la cabeza.

EL ARTE DE RECUPERARSE

Los líderes necesitan ser como pelotas de caucho; deben continuar rebotando. La habilidad de recuperarse de la adversidad, de reagruparse, de reorganizarse y de seguir adelante, en contraposición a seguir lamentándose por los errores del pasado, por las fallas, las desilusiones, los desencuentros o las heridas, es uno de los atributos más grandes de un líder. La gente puede fácilmente desmonorarse cuando comete un error o cuando evalúa algo de forma equivocada, pero la fuerza de un líder se determina por su habilidad de recuperarse.

Algo que el líder debe cultivar una y otra vez es el arte de convertir la tragedia en una inversión.

Martina Navratilova perdió ventiún juegos de los primeros veinticuatro encuentros contra su archirrival Chris Evert. Ella se resolvió a responder con más fortaleza en los tiros largos y en su transformación logró batir a Evert treinta y nueve veces en los siguientes cincuenta y siete encuentros. Ninguna otra mujer en el tenis ha logrado ganar tantos encuentros ni torneos. El primer libro para niños escrito por Theodore S. Geisel (probablemente usted lo conozca como el Doctor Seuss) fue rechazado al principio por 23 editoriales. La editorial número 24 vendió seis millones de copias. Tanto Martina Navratilova como Theodore Geisel dominaron el arte de rebotar, es decir, de recuperarse.

Algo que el líder debe cultivar una y otra vez es el arte de convertir la tragedia en una inversión. Mientras usted esté involucrado en tareas de liderazgo, tendrá siempre fracasos y desaciertos. Los líderes necesitan de la fortaleza emocional y espiritual que se deriva de rebotar de las tragedias de la vida que tan fácilmente desalientan a otros. No se trata de que estemos persiguiendo los infortunios, los problemas o los fracasos; estos salen a nuestro encuentro todo el tiempo. El líder de los líderes es quien logra reunir otra vez los recursos internos e iniciar de nuevo, hincando las velas de lo que quede de la embarcación.

Aprender de los errores y fracasos del pasado no es asunto de quedarse lamentándose en ellos. Cierto hombre sabio dijo alguna vez que la única diferencia entre una piedra de tropiezo y una piedra de apoyo es la forma como la utilizamos.

El líder relacional es un gran pensador, caracterizado por la pasión, el deseo, la voluntad de ganar y de la alegría de vivir *(jois de vive)*, sin importar cuán duros se pongan los tiempos. Este líder es una persona guiada por la convicción, que se sustenta en los valores más

> **La única diferencia entre una piedra de tropiezo y una piedra de apoyo es la forma como la utilizamos.**

profundos y que continúa alimentando sus sueños, y edificando y fortaleciendo las relaciones con las personas grandes a su alrededor. Al hacerlo de esa manera, logran alcanzar hechos mayores que otros jamás hubieran imaginado. Los líderes relacionales asumen riesgos y se dan la oportunidad de dar rienda suelta a sus sueños. Delegan confianza en las manos de aquellos que los asisten. Personas como estas se convierten en líderes relacionales altamente efectivos que continuan edificando a otros para que se conviertan a su vez en grandes personas.

CAPÍTULO CUATRO

EL LÍDER Y
LA VIDA
DE FAMILIA

A menudo se dice que la caridad empieza en casa. Yo pienso que el liderazgo también. En cierta ocasión escuché a un conferencista tomar una frase bíblica y cambiarla para ponerla en el contexto de la familia; preguntó: *"¿Que ganancia tiene un hombre si gana todo el mundo y pierda a sus propios hijos?"* Las implicaciones de esta oración han permanecido conmigo desde entonces.

Nuestros hijos no sólo son un bien o una extremidad. Son tanto nuestro futuro como nuestro presente.

Mario Cuomo dijo: *"Los líderes necesitan desarrollar las vidas de sus hijos tanto, si no más, que la de las personas en su corporación, sus asociados y sus pares".* Los mismos principios que gobiernan nuestro liderazgo en las vidas de otros, son los principios que debemos aplicar en la vida de nuestros hijos.

Ser un líder exitoso es tener éxito en el hogar. A menudo me avergüenzo de la manera que el mundo occidental trata los niños.

Piense un momento sobre cómo los tratamos – cómo los utilizamos, abusamos de ellos, los ignoramos, desechamos, rechazamos, cambiamos y sacrificamos en el altar de una carrera. ¿Es de extrañar que tengamos niños que huyen de sus hogares?

Los niños necesitan crecer

Los niños necesitan crecer y el libro de los Proverbios, la antigua colección de sabiduría de la Biblia, nos enseña que debemos *entrenarlos en el camino que deben seguir.* El entrenamiento no sólo es enseñar y expresar con palabras. Es supervisar, demostrar y permitirles practicar lo que aprenden. Si se dejara únicamente a la comunicación verbal, la crianza de los hijos sería un asunto sencillo. Podría sólo programárseles por medio de palabras e interpretarían lo que les dijeran. Pero como todos, los niños no sólo necesitan información verbal sino seguimiento, estímulo, fortaleza y crianza. Este entrenamiento comienza tan temprano como en la cuna y sigue hasta la adolescencia.

Ser un líder exitoso es tener éxito en el hogar.

Así como los buenos tutores deben sacar lo mejor de los respectivos miembros de su equipo, de la misma manera los padres líderes deben producir lo mejor en sus respectivos hijos. Los padres inculcan valores en sus hijos. Aunque pudiera escribir mucho sobre el tema, lo que quiero hacer es darles un breve sinapsis para ayudarles como líderes —sea en los negocios, en la iglesia, en la vida profesional o en la comunidad —a guiar a sus hijos y sacar lo mejor de sus vidas.

Los niños, al igual que el negocio o la organización con la cual usted trabaja y las personas a las que lidera, necesitan desarrollo. Requieren estrategias, visión, dirección y ayuda para encontrar lo mejor de sí mismos. Pero a diferencia de un negocio, los niños *sienten* —son capaces de llorar y de reír porque tienen emociones y alma.

Ser niño hoy en día

¿Cómo es ser niño hoy en día? Ciertamente es diferente a cuando usted o yo éramos niños.

El Dr. E.V. Hill, gran predicador, una vez dijo: *"La juventud de hoy es de un tipo especial. Ellos nunca han conocido un periódico sin un titular de guerra; han tenido todas las oportunidades para ver en la televisión pornografía abierta y obscenidades inimaginables en cualquier edad".*

El Internet, el CD ROM y tecnologías similares han cambiado al mundo para siempre. Hoy en día, un niño puede interactuar por medio de un computador con miles de personas alrededor del mundo, aún así muchos de ellos no pueden sostener una conversación humana simple más allá del nivel de "sí", "no" o "por qué". Viajan por todo el mundo y se comunican en computadores, pero no parece que pueden hablar cara a cara con las personas.

Debemos darnos cuenta que nuestros adolescentes representan la cultura más entretenida, acelerada y de alta tecnología que haya existido. Pero también debemos darnos cuenta que es una generación narco-dependiente, suicida, deprimida y la que menos se relaciona de todos los tiempos.

> **Más que nunca a nuestra juventud le hace falta una brújula moral.**

Una generación diferente

A continuación hay algunas cosas que hacen que la gente joven de hoy sea diferente de cualquier generación anterior.

1. *Están desesperados por la autenticidad.* Quieren saber cómo es ser real, sentir, luchar y superar. No están interesados en encubrir temas y problemas. Sienten más que cualquier otra generación.

2. *Están ávidos de comunidad.* Muchas personas han dicho que el tema de esta generación no es *"cómo salir adelante"* sino *"cómo llevarse bien".* Sólo mire alrededor y vea la manera que se reúnen por las causas. ¿Por qué sucede esto? Porque tienen un sentido de comunidad y una falta de dogmatismo.

3. *Les falta una brújula moral.* Para nuestra juventud no hay un estilo de vida exclusivo correcto o incorrecto. Pero tampoco tienen una mentalidad *"si se siente bien, hágalo".* Su forma de pensar se parece más a, *"si digo que está bien, está bien; si digo que está mal, está mal".* A nuestra juventud le falta una brújula moral más que nunca.

4. *Están enojados.* Hay una ira sin precedentes en esta generación. Desde la cantante Tori Amos hasta Alannis Morisett y Radio-Head, se puede escuchar la ira y el dolor, no sólo en las letras de sus canciones sino en la manera en que cantan. Canciones como *Pura Masacre (Pure Massacre)* y *Soy una persona despreciable (I´m a creep)* muestran la angustia y preocupación que tienen por la vida marital y desintegración familiar, al igual que por sus propias auto—imágenes inadecuadas. Canciones que declaran *Soy una persona despreciable (I´m a creep)* no promueven una autoimagen positiva y buena en un niño.

5. *Se enfocan en las artes.* La juventud de hoy no quiere estar aburrida. Han crecido en un ambiente multi-imagen de alta tecnología, por eso se enfocan en el desarrollo artístico y creativo. Donde generaciones anteriores se orientaban más a sus carreras, negocios e hijos, la juventud de hoy se orienta por la moda, la comunicación, la música, el baile y el desempeño. Si uno mira algunas de las producciones más poderosas de hoy, verá que son puestas en escena que incorporan al público.

6. *Tienen dolor.* La ira de esta generación proviene del dolor. Se sienten lastimados por ser robados con respecto al futuro. Se enfrentan a la inseguridad laboral y el aumento de la deuda. La generación anterior se endeudó tanto, que ya ni ellos ni sus hijos podrán pagar la deuda por completo. Esto sólo ha contribuido a aumentar la alienación, el dolor, con el consecuente aumento de la brecha generacional. Son una generación que lucha por creer que hay un futuro. Por eso es imperativo que los padres inculquen en ellos la esperanza por un mañana.

7. Tienen una falta de espontaneidad visible. En términos simples, en una sociedad de alta tecnología el peor pecado para computadores y humanos es ser impredecible. Una tecno-sociedad funciona sin problemas cuando todos cooperan y hacen lo predecible, a tiempo y sin molestias.

    Como resultado, nuestra juventud ha sido desposeída de su individualidad. En últimas, una sociedad de alta tecnología no está interesada en lo que es único para cada individuo, sino en lo que es idéntico, cuantificable y medible. La tecno-sociedad quiere lo que se pueda contar, estandarizar y computarizar para que nuestra juventud sea privada de su individualidad.

8. Se les ha robado la autoconciencia. Cuanto más se pueda reducir la conciencia de una persona, más se le puede alejar de pensar, y es fácil controlar cuando no piensa. Debemos motivar a nuestra juventud para que sean pensadores —en efecto, pensadores libres.

CÓMO DEBEMOS AMAR NUESTROS HIJOS

Si estos son los retos que enfrentan la juventud de hoy, ¿cuáles pudieran ser algunas de las respuestas? ¿Qué necesitan los padres líderes para apoyar, amar, fortalecer y *"entrenar"* efectivamente a sus hijos?

Los padres líderes necesitan responder a sus hijos con amor y un profundo sentido de querer hacer su mundo mejor.

Sea autentico en casa

Creo que los líderes deben se personas autenticas en sus vidas familiares. Y eso significa ser reales.

Padres, sus hijos esperan que sean Mamá y Papá. No esperan que sean Shakira o Luis Miguel. Llegar a casa en minifalda, medias de malla y tacones mostrando su abdomen no contribuye con una imagen de "Mamá".

Los niños odian la falta de autenticidad. Ser auténtico; ser uno mismo; y por Dios, ¡ser real!

> **Ayude a sus hijos a entender que la vida no es un destino sino un viaje.**

El líder relacional, también debe ser líder en su casa. Muestre las luchas que enfrenta y el viaje que hace para superarlas. Ayúdeles a sus hijos a entender que la vida no es un destino sino un viaje, lleno de montañas que escalar y valles que cruzar.

Dé a sus hijos un sentido de comunidad

El sentido de propósito es importante no sólo para sus empleados sino también para sus hijos. Necesitan un sentido de propósito al pertenecer a una comunidad. Lo mismo que se necesita para desarrollar líderes en su organización se debe hacer en casa para ayudar a sus hijos. Cada niño/niña tiene propósito, talento, capacidades, individualidad y una singularidad muy genuina. Enfóquese en estas cosas y fortalezca su sentido de importancia.

También es vital decirles *por qué* son importantes al resaltar sus logros y no recordarles sus fallas como una bomba. La relevancia es el aspecto más importante en el crecimiento y desarrollo de un niño porque produce un sentido de habilidad, confianza y auto valoración. Al igual que los adultos (y por favor recuerden, los adultos son como niños en cuerpos más grandes), los niños tienen un espíritu y alma que nunca envejecen y son del mismo tamaño cuando llegan a la adultez que el día que nacieron.

Promueva la excelencia

Ayude a sus hijos a entender que la perfección nunca es una meta en la vida —la excelencia si lo es. Cuando los niños luchan por lograr la perfección —ello puede llevarlos a una caída de desesperación en picada.

En tales circunstancias las personas le temen más al fracaso y a menudo quedan abatidas y dejan de intentarlo. Los perfeccionistas pueden ser vulnerables a todo tipo de cambio de ánimo y proyección emocional, de esta manera el fracaso se convierte en una amenaza y es totalmente inaceptable para ellos.

Un padre líder nunca debe caer en la *"trampa del desempeño"* que dice que su hogar debe ser la Familia Brady. Ningún niño tiene que estar a la altura de nadie, sólo necesita ayuda para crecer.

> **Ayude a sus hijos a entender que la perfección nunca es una meta en la vida —la excelencia si lo es.**

Permita que sus hijos asuman riesgos

Un padre líder permite que sus hijos asuman riesgos. Cuando usted se esfuerza por lograr la perfección en sus hijos, se crea un inevitable temor al fracaso, el cual, como consecuencia conduce a reducir el elemento de riesgo. Permítales a sus hijos tomar algunos riesgos.

Mis padres no me permitían ir a nadar por temor a que me ahogara. Su temor me creó temor por el agua. También me creó la imposibilidad de nadar lo cual me atormenta hasta el día de hoy.

(¡Afortunadamente, tengo seguidores que pueden nadar por mí!). Pero existen esperanzas: tengo un nuevo par de flotadores y me va muy bien con estos.

Dé a sus hijos una brújula moral

Los niños, al igual que los adultos, necesitan una brújula moral. Como padre líder, su trabajo es ofrecerla. Esto no significa golpearlos en la cabeza con valores como truenos; sólo es ayudarles a encontrar orientación con base en los valores.

Todos necesitamos encontrar *"el norte geográfico"* en nuestros valores. Conduzca a sus hijos en la dirección correcta de tal manera que sus límites no los restrinjan, sino que los impulsen. La disciplina no es una enemiga; es todo lo contrario. Obra para el verdadero bien.

Hoy, más que nunca, nuestra juventud quiere hacer lo correcto. Un niño me dijo esto una vez en un colegio público de bachillerato: *"¿Por qué alguien no me enseña cómo vivir? ¿Por qué será que las personas tienen tanto miedo de decirme qué está bien y qué está mal? ¿Cómo puedo tomar mis propias decisiones cuando nunca me han dado límites?"* La gente joven ansía tener límites y los necesitan.

El líder en el ambiente laboral se siente cómodo fijando límites. Lo mismo debería ocurrir en el ambiente de su hogar. El comportamiento es un reflejo de las creencias básicas —creencias sobre quiénes somos y lo que creemos que está bien y mal. Por lo tanto, es importante darles a los niños una brújula por la cual guiarse. En la película *Maestro de ilusiones (Mr. Holland's Opus)*, el rector del colegio de bachillerato reta al Sr. Holland al decirle que como profesor él es una brújula. Yo estoy aquí para decirles que los padres también lo son.

Acepte a sus hijos

Los adultos se relacionan con sus líderes en base a la aceptación. Cuando sienten que tienen confianza en ellos, son aceptados y valorados, se desempeñan a niveles sorprendentes. Si los líderes pueden hacer que las personas se sientan aceptadas, amadas y valiosas, prosperarán.

Lo mismo pasa con los niños. Cuando a los niños se les da un sentido de valor y ellos se dan cuenta de que esta aceptación no está basada en el desempeño, tienden a alcanzar nuevas alturas.

Existe una gran diferencia, sin embargo, entre la aceptación y la atención. La mayoría de las personas ansían la aceptación pero a menudo sólo reciben una sustitución barata, la atención. Por ejemplo, muchos adolescentes encuentran que consumir drogas les da la entrada a un grupo de otros jóvenes que también consumen drogas. Toman esta *aceptación*, pero en realidad es sólo una atención momentánea.

Los padres líderes deben dar a los jóvenes un sentido de aceptación, que no se base en el desempeño o en obtener logros sino únicamente por el hecho de ser ellos mismos. La búsqueda de un niño por relevancia exige que él o ella sean aceptados, no sobre la base de sus logros, sino de que sea valorado y amado como ser humano.

> La mayoría de las personas ansían la aceptación pero a menudo sólo reciben una sustitución barata, la atención.

Muchos padres dicen: *"Yo amo a mis hijos,"* y yo concuerdo en que lo más probable es que eso sea cierto, pero la pregunta es si ellos realmente aceptan a sus hijos sin importar sus logros académicos o atléticos, ¿los aceptan por simplemente ser quienes son?

Permítame darle algunas palabras de recomendación respecto a lo que nunca se debe hacer con los hijos:

- No los compare con sus otros hijos.

- No los compare con los hijos de otras personas.

- Vaya al fondo de los problemas en vez de simplemente atacar los síntomas.

- No intente redimir sus propios fracasos a través de ellos (por ejemplo, evite decir frases como *"Yo pude haber alcanzado el éxito en la vida, pero ya que no lo logré, tú lo vas a hacer"*).

No obligue a sus hijos a alcanzar lo que usted considere que pudo haber sido o lo que pudo haber alcanzado. Sólo déjelos ser y acéptelos como son. Confíe en las habilidades de ellos y en sus destrezas. Dígales que los ama. Demuéstreles y pruébeles ese amor, especialmente cuando cometen errores.

Apoye a sus hijos cuando cometan errores

La tontedad está atada al corazón del muchacho. Los chicos hacen cosas tontas y es la responsabilidad de los padres re-direccionarlos cuando cometen errores, ayudándoles a establecer un fundamento sólido en la vida.

Los hijos, al igual que los adultos, se fortalecen a través de los elogios. Se debe elogiar a los hijos en dos tipos de circunstancias: cuando tienen un buen desempeño y cuando no lo tienen, cuando lo merecen y cuando no. Pero sobre todo, *permita que ellos cometan errores*. No se exalte, no se llene de pánico, no se retraiga.

Los fracasos ocurren. Es normal que ocurran. Lo que usted debe hacer es seguir comunicándose con sus hijos.

Dé a sus hijos un héroe al cual contemplar

Los niños necesitan héroes. Yo quiero ser un héroe para mis hijas, pero también quiero rodearlas de personas a quienes admirar. Muchos niños tienen héroes. Infortunadamente, algunos de estos no son verdaderos héroes.

Rodee a sus hijos de personas que valgan la pena imitar, por ejemplo, individuos que han logrado grandes cosas y que sean grandes líderes. En cada ocasión que en alguno de nuestros eventos tenemos a un invitado, a un grupo musical o a un reconocido orador o celebridad, veo que mis hijas desarrollan un gran interés por conocerlos. Por supuesto, dichas personas no tienen que ser Bono o U2. Todos los chicos admiran a alguien. Su misión será averiguar quién es ese alguien.

Nunca olvidaré el día en que un grupo de cantantes famosos vino a nuestra casa a cenar. Les habíamos contratado a viajar hasta Australia para uno de nuestros festivales más famosos. Los chicos del grupo

> **Nuestros hijos no son ni salientes ni huecos, tampoco son redondos o cuadrados.**

de jóvenes se entusiasmaron muchísimo cuando supieron que ellos iban a venir a nuestra casa a cenar. Fue maravilloso ver a mis hijas responder a la visita y ver su sentido de orgullo y auto-valía cuando mostraban las fotos del grupo a las demás personas.

Lo más probable es que usted no conozca a grandes celebridades y eso está bien. Sin embargo, usted puede crear héroes de personas que no conoce. Averigüe a quiénes admiran sus hijos y permítales pasar tiempo suficiente con ellos. Mis hijas admiran a algunas personas fantásticas e intentan seguir su ejemplo. Verlas hacer eso es algo que me produce gran satisfacción.

Deje que sus hijos desarrollen sus dones

Cada hijo es único. Nuestras hijas son tan diferentes la una a la otra que resulta aterrador. Una de ellas, Rebecca, es creativa, sabe actuar, es una persona a la que le gustan las fiestas (en el buen sentido de la expresión). Mi otra hija, Chantelle, es una lectora consumada, es una gran pensadora y tiene gran sensibilidad. Rebecca quiere ser cantante; Chantelle ha cambiado de vocación probablemente unas veinticinco veces desde que comencé a escribir este libro. Sin embargo, ambas son muy, muy especiales.

Los padres líderes tienen la responsabilidad de fortalecer los dones de sus hijos y de complementar sus deficiencias.

A veces los padres intentan encajar cuadrados en orificios redondos. Nuestros hijos no son ni salientes ni huecos, no son ni cuadrados ni redondos. No intente forzarlos para que encajen en un molde particular. Más bien es importante entrenarlos en la forma en la que ellos manifiestan su personalidad.

Los padres líderes tienen la responsabilidad de fortalecer los dones de sus hijos y de complementar sus deficiencias.

Rebecca no es una gran lectora, de modo que para motivarle en esa área en particular, le pagamos para que lea libros. Sin embargo, ella no necesita ser estimulada para cantar y practicar el piano, a ella le encanta hacerlo. ¿Por qué pagarle? Consiste en un programa de incentivos. A los adultos les gustan los incentivos y a los jóvenes también. Es bueno dar a los hijos incentivos donde ellos manifiestan alguna debilidad y animarlos donde demuestren fortalezas.

Comparta la acción

Permita que sus hijos participen en la acción. Es muy importante que los padres involucren a sus hijos en todas las actividades que ellos hacen. Esto puede significar, por ejemplo, llevarlos en el viaje al trabajo. Muchos padres pasan demasiado tiempo en su trabajo, y a veces, aún cuando están en casa, continúan trabajando y se olvidan de abrir una ventana en sus vidas para que sus hijos se asomen a su mundo a través de ellas.

Es absolutamente vital que los niños sepan qué ocurre en el mundo de los adultos en áreas como los negocios, las relaciones, las reuniones, los viajes, etc. Usted debe permitirles hacer parte de lo que usted hace.

Nuestros hijos nunca deben convertirse en víctimas de nuestro liderazgo. Más bien deben aprender y crecer a partir de este. Esto siempre implica permitirles a ellos hacer parte de nuestro mundo.

VIGILE LO QUE DICE

Cuando estuvimos considerando la forma de manejar los errores y falencias de los hijos, yo dije: *"Continúe comunicándose".* Por supuesto hay distintas formas de comunicarse.

Esta es la forma de no hacerlo. A continuación hay una lista de seis cosas que los padres nunca deben decir:

1. *"Cuando yo tenía tu edad..."* El asunto es que esta generación es tan diferente que usted nunca ha tenido su edad. Tal vez usted tenía a Doris Day, pero estos jóvenes tienen a Madonna, Marilyn Manson y toda otra persona extraña que usted se pueda imaginar. De modo que recuérdelo muy bien, usted nunca ha tenido la edad de ellos.

2. *"¿No te das cuenta lo difícil que fue para mí tener una Coca Cola o una hamburguesa cuando yo era niño?"* Enfréntelo padres, ellos no lo perciben. Ellos no comprenden cuando usted les cuenta que para obtener una lata de Coca Cola uno tenía que escalar el Monte Everest y que sólo los privilegiados podían ir a McDonald´s. Ellos no entienden eso. Así que mejor deje de recordárselos.

3. *"¿Cómo estuvo la escuela hoy?"* Muchos padres usan estas palabras para intentar iniciar una conversación. Esta es la increíble y profunda respuesta que se consigue de un chico cuando se le pregunta *"¿Cómo estuvo la escuela hoy?"* ¿Está listo para escucharla? Aquí está: *"Bien".*

No haga preguntas como esas. Más bien haga preguntas que implique una respuesta que requiera más que una simple palabra. De lo contrario, eso es todo lo que usted podrá obtener. En las escuelas ya no enseñan las técnicas básicas de la comunicación.

4. *"¿Quieres que te castigue con el cinturón?"* Por favor padres, ¡piensen en esa expresión! Cuando un padre la utiliza, ¿qué espera que su hijo diga? *"¡¿Por favor, hazlo lentamente, me encanta el dolor?!"* *"¿*Oh, la semana pasada fallé, así que por favor, dame dos?" Preguntas como esa invitan a lo inevitable.

5. *"¿Qué estás haciendo?"* Para este momento debes haberte dado cuenta que los jóvenes no *"hacen nada".* Una de mis favoritas es *"¿A dónde vas?"* *"A ninguna parte".*

6. *"¿Qué piensas?"* Ellos no piensan, ellos sienten. Pregúnteles cómo se sienten. La generación actual es una generación de *"sentidores".*

LOS VIAJES

Muchos padres, y yo soy uno de ellos, dedican mucho tiempo a viajar en su vida profesional. Esto lleva a que estén lejos de casa con frecuencia. Aquí hay unas sugerencias para los padres líderes que tienen que ausentarse de casa con regularidad.

1. *E.T. llama a casa.* Asegúrese de llamar a casa con regularidad. Sin importar lo que cueste, adopte la costumbre de llamar al menos una vez al día. A veces, eso pudiera parecer repetitivo, pero es maravilloso escuchar la voz de sus hijos y hacerles saber que está pensando en ellos. Se trata simplemente de unas cuantas palabras diciéndoles cuánto se les ama y extraña. Eso puede hacer la gran diferencia.

2. *Lleve detalles a sus hijos.* Muéstreles que su negocio, su trabajo y sus viajes no son un enemigo, que no les están robando; más bien, que les trae cosas de vuelta. Muestre las recompensas de lo que usted está haciendo.

3. *Cuando esté en casa, esté en casa.* Desconéctese y no esté demasiado cansado o estresado. Asegúrese de no dar a sus hijos las sobras. Dedíqueles tiempo de calidad.

4. *Hábleles respecto a dónde ha estado, con quién se ha reunido y sobre las cosas que ha hecho.* Es sorprendente que los niños están ávidos de información. Permita que ellos se enteren de los detalles de su viaje.

5. *Evite ser el chico o la chica mala.* Por ejemplo, evite decir a sus hijos: *"Espera que llegue a casa".* Si se hace necesario administrar disciplina al momento de llegar a casa, al menos pase un tiempo con ellos antes de administrarla. No aplique la disciplina de inmediato al momento de su llegada. Lo que primero se les debe manifestar en ese momento a sus hijos es el amor que se les profesa: *"Te extrañé",* y *"Me alegra tanto verte de nuevo".* Y recuerde, la disciplina no es castigo, es instrucción. Manténgase sereno y sea paciente.

6. *Llévelos a los viajes de negocios.* En algunas ocasiones yo he podido llevar a una de mis hijas en los viajes. En una ocasión llevé a Rebecca a Nueva Zelanda donde ella conoció a unas amigas a las cuales todavía escribe en la actualidad. En otra ocasión lleve a Chantelle en un viaje interestatal. Allí conoció a una amiga con la cual se hablan a menudo.

7. *Nunca esté demasiado ocupado para su familia.* Cuando esté lejos, asegúrese de contestar todas las llamadas de su familia, y si es necesario, interrumpa su horario.

Si usted se halla de viaje y si sus niños lo necesitan con urgencia, vuelva a casa de inmediato. Un amigo me contó que en cierta ocasión él estaba en el viaje de negocios más importante de su carrera, cuando su hijo enfermó de gravedad. Él informó a su anfitrión que su familia estaba en crisis, que su hijo había enfermado y que tenía que regresar a casa. A esto es lo que yo llamo, establecer prioridades.

SEA DIVERTIDO

Lo último que quiero decir respecto al padre líder es que debe ser divertido. Evite ser un aburrido. Haga mucho ruido. Hágase sentir en su casa y haga todo lo que esté a su alcance para compartir tiempo de calidad con sus hijos.

Introduzca la alegría, la diversión y la risa en su hogar. *"Un corazón alegre es como una medicina",* y hay muchos corazones enfermos en el mundo. Asegúrese de que su casa es un lugar feliz y placentero.

Si lo hace, le aseguro que usted será un padre líder relacional operando desde una base de operaciones segura. Nadie puede conquistar el mundo si su propio reino está hecho un desastre.

CAPÍTULO CINCO

LIDERAZGO Y CREDIBILIDAD

Hoy más que nunca, las promesas incumplidas y cualquier indicio de no ser digno de confianza, son causa de enojo entre la gente. Es de esperarse que funcionarios gubernamentales, así como aquellos que ocupan puestos de autoridad en nuestro vasto territorio sean personas dignas de credibilidad. Pero la pregunta es, ¿será posible hallarlas?

Hay un profundo dolor entre nuestra juventud al saber que les espera un sombrío e incierto futuro carente de trabajo. No tienen idea de qué encierra el futuro para ellos. Lo que ellos desean es un liderazgo digno de confianza y compasivo, pero lo que generalmente obtienen a cambio es un sustituto insatisfactorio.

En todas partes, los líderes políticos se comprometen con la paz mundial de labios para afuera, pero siguen construyendo bombas que podrían destruir civilizaciones enteras. Prometen posibilidades de buenos trabajos y mejoras en la educación; sin embargo, año tras año hay cortes dramáticos del presupuesto destinado a esta última. Se hacen promesas en materia de salud, sin embargo, cínicamen-

Existe una exasperante falta de integridad en estos días. Parece que las promesas se hacen con el único fin de romperlas.

te estas promesas se rompen tan pronto como se hacen. Existe una exasperante falta de integridad de palabra en estos días. Parece que las promesas se hacen con el único fin de romperlas.

El fracaso de la credibilidad

Para quienes son seguidores, la credibilidad ocupa uno de los primeros lugares en la lista de lo que esperan de otros. Para la mayoría de ellos, es difícil distinguir la diferencia entre decir una mentira e incumplir una promesa. Para ilustrarlo: papá llega a casa y le promete a su hijo que irán de pesca el viernes. El hijo pasa toda la semana soñando e imaginándose lo mucho que se divertirán. Prepara su caña de pescar —está emocionado. Les cuenta a sus amigos de la escuela. Llega el viernes en la mañana, está ansioso y emocionado. Desafortunadamente, papá *"recuerda"* que hay un juego de fútbol al que va a ir con sus amigos. Le explica a su hijo que se ha presentado algo, hay un juego del que se había olvidado y tiene que irse. De repente, su sueño se hace añicos.

Las percepciones equivocadas basadas en suposiciones equivocadas llevan a conclusiones equivocadas.

¿Cómo puede determinar el hijo si su padre le ha mentido, o ha incumplido su promesa? Cuesta trabajo distinguirlo, ¿no es verdad? Pues así es como se siente la gente cuando un líder no cumple sus promesas.

Uno de los hechos trágicos de la vida dice así: Las percepciones *equivocadas* basadas en suposiciones *equivocadas*, *acertadamente* llevan a conclusiones equivocadas. Una percepción equivocada puede ser tan sencilla como *"En el fondo, papá realmente no quería llevarme"*. Esto lleva a la suposición equivocada: *"Papá se interesa más en el fútbol que en mí*". La conclusión equivocada es, por supuesto, una consecuencia inevitable: *"No le importo a papá"*.

La credibilidad como parte del liderazgo, ayuda a otros a adquirir la percepción correcta y así llegar a la conclusión correcta. Si se daña la credibilidad, debe restaurarse de inmediato. Para un líder esto significa, por ejemplo, que si no podrá cumplir una promesa, hay que resolver el problema inmediatamente y asegurarse de explicar cuál es la situación, pero jamás buscarle excusas a sus fallas.

Carácter

Un líder digno de confianza siempre logrará más y hará más que aquel quien simplemente tiene carisma. El carisma es de vital importancia —es necesario lograr que otros crean en su causa. Pero el carácter es esencial. El carisma puede derrumbarse ante la presión del escrutinio público. Recuerde que sus seguidores lo observan a cada minuto. Para enfrentar esta situación con éxito, un líder debe cultivar la actitud correcta hacia todo lo que hace.

El líder relacional no sólo necesita una actitud positiva, sino también un espíritu generoso —la clase de espíritu que impulsa a otros hacia la excelencia. Necesita una actitud incansable cuando alguien trata de acortar su espacio y quitarle tiempo. Necesita una actitud de servicio, una actitud ganadora, una actitud de cortesía, una actitud de fe y una actitud bondadosa y perdonadora.

Un líder digno de confianza nunca tiene la actitud del *"yo primero"*. Los grandes líderes hacen de los demás mejores personas cuando piensan en términos de *"primero tú, segundo ustedes y tercero ellos"*. Aprenden a hacer que otros sientan que tienen el primer lugar.

> Un líder digno de confianza siempre logrará más y hará más que aquel que simplemente tiene carisma.

Una de las cosas más importantes que puede hacer un líder relacional es establecer y mantener su credibilidad.

Hay muchos factores envueltos en la credibilidad, pero en este capítulo me enfocaré en tres áreas de vital importancia:

- Confianza y accesibilidad.

- Ser fiel a nuestros valores fundamentales.

- Demostrar integridad en actitud y principios éticos.

LA ACCESIBILIDAD Y LA CONFIANZA

La confianza es la base de la credibilidad en la relación líder-seguidor. Un líder debe prosperar a partir de la confianza.

La gente tiende a confiar en quienes conoce. Las entidades impersonales y los funcionarios anónimos *sí existen, pero no son dignos de confianza*, sin importar quienes sean. Tal vez sean el gobierno, los oficiales corporativos o una jerarquía poderosa sin rostros ni nombres. Como líder relacional, usted tiene que evitar formar parte de esta categoría.

Permítame hacerle una pregunta sencilla: ¿Qué es más fácil, confiar o desconfiar de alguien con quien usted ha formado una relación cercana? ¿Qué hay de alguien a quien sólo conoce de lejos? La respuesta es obvia.

El líder que quiere ganarse la confianza y credibilidad de los demás, debe acercárseles. Debe cultivar el arte de dar la mano. Debe ampliar su visibilidad mediante el enfoque persona a persona.

La accesibilidad genera confianza

Durante mis viajes, muchas veces mis amigos que trabajan en el negocio de distribución interactiva me piden que hable a grupos de negocios. La mayoría de sus líderes llevan vidas ocupadas. Son auto-suficientes en sentido económico, pero viven tremendamente ocupados. Aun así, su accesibilidad nunca deja de maravillarme. Pueden viajar de un acto social que cueste cientos de miles de dólares, y la noche siguiente quedarse a dormir por ahí en la sala de un aparta-mento desvencijado, sobre una alfombra vieja. Se hacen accesibles a gente real, son altamente visibles, son gente de buena reputación en quienes se puede confiar.

La lealtad que se muestra a este tipo de líderes es sorprendente. Todo líder debería aprender esta lección de liderazgo relacional. Ellos dan la mano, hablan y se co-munican, aun si no conocen a todos

> **La confianza es la base de la credibilidad en la relación líder-seguidor.**

personalmente o por nombre. Siguen siendo visibles y abordables. Hacen que los demás los vean como un miembro más del equipo.

La accesibilidad produce confianza. Uno de los proverbios del rey Salomón dice: *"El que se aísla, contra toda sabiduría práctica estallará".* Todo líder que se aísla de los demás, va en contra del buen juicio. Aquellos líderes que se aíslan, truncan su propio potencial y el de sus seguidores.

La vid mantiene a las ramas con vida. Si cortamos la vid, todo se marchita y muere. El desarrollar un sentido de confianza, significa crear una mentalidad de colectividad, *"nosotros, lo nuestro".*

SER FIEL

Sin embargo, no siempre es fácil mantener la confianza. Des-pués de todo, hay días buenos y malos, unos días llueve y otros hace sol. ¿Cómo puede uno mantener la confianza, buena reputación y credibilidad en las buenas y en las malas?

Hay que pensar las cosas con cabeza fría para mantener la credi-bilidad en tiempos difíciles. A veces puede ser fácil ser desleal a un principio aparentemente insignificante, especialmente cuando esto puede hacer las cosas más fáciles o cuando esa es la alternativa más lucrativa.

Lo primero que hay que recordar es que mantener la credibilidad nunca es tarea fácil. Se necesita fuerza, persistencia, disciplina y carácter. De hecho, la credibilidad encierra seis elementos clave. Primero tendremos la lista y luego los examinaremos uno por uno. Sea fiel a:

- Sí mismo.

- Sus seguidores.

- Sus valores.

- Sus sueños futuros.

- Su propósito y visión.

- Sus principios y creencias.

Sea fiel a sí mismo

Uno de los principios básicos de la *religión griega* fue inscrito en uno de sus templos: *"Conócete a ti mismo"*. Dan Caplan, presidente de la corporación de alquiler de autos Hertz dijo: *"Sé quién fui en el pasado, quién soy y sé a dónde voy"*. Todo líder debe tener este mismo sentido sólido de convicción. Cuanto mejor se conozca a sí mismo, mejor podrá entender situaciones conflictivas.

> **Cuanto mejor se conozca a sí mismo, mejores decisiones tomará.**

El líder que busca mantener su credibilidad debe ser fiel a sí mismo. Sus principios y valores fundamentales deben tener prioridad. La ganancia, explotación y decepción, nunca hacen parte de los valores fundamentales de un verdadero líder. No lleve la delantera en mantener buenos valores sólo por miedo a que le descubran haciendo lo contrario, más bien hágalo por su respeto a la verdad. Los principios morales deberían ser la motivación que nos impulsa a cuidar de nuestra credibilidad y reputación, más no el temor a ser descubiertos.

Los líderes del *siglo XXI* necesitan mayor destreza para descifrar los mensajes comúnmente contradictorios y ambiguos de su entorno. Entre mejor se conozcan a sí mismos, mejores decisiones tomarán. Una mente clara le ayudará a desenredar situaciones difíciles.

Hay una hermosa historia acerca del rey Salomón. Surgió una disputa entre dos mujeres. Ambas habían dado a luz a bebés varones. Infortunadamente, el bebé de una de ellas murió durante el parto. Ambas decían ser la madre del bebé con vida. Pidieron al rey que tomara una decisión. El rey ordenó que cortaran el bebé en dos y le dieran una mitad a cada mujer. Una de ellas exclamó: *"No, prefiero que la otra mujer se quede con el bebé".* Salomón le dio el bebé a esta mujer, pues ella era su verdadera madre. Él no tenía ninguna intención de cortar el bebé en dos, pero sabía que el instinto protector de una madre no permitiría que esto pasara. Fue fiel a sus creencias y su intuición le guió por el camino correcto.

Un líder debe preguntarse constantemente: ¿Quién soy? ¿En qué creo? ¿Cuáles son mis principios? ¿Cuáles son mis convicciones? Debe tener bien en claro cuáles son sus propias convicciones, creencias y valores. Una vez que lo entienda con claridad, podrá incorporar y convertir tales principios en faros guiadores para sí mismo y para su organización.

> El liderazgo firme está cimentado sobre las bases del respeto y entendimiento mutuos.

He tratado de inculcar mis propios valores en mi organización. Tenemos principios guiadores que gobiernan nuestros eventos: nuestros líderes deben ser excelentes (la excelencia es uno de nuestros compromisos fundamentales), requieren tener carácter y ser irreprochables, necesitan evidenciar contemporaneidad e identificarse con la juventud. Luego buscamos hombres y mujeres jóvenes talentosos en distintos campos como la danza, el drama, la música y áreas técnicas para implementar tal visión. Pero todo emana de los valores fundamentales. Esto nos ayuda a mantener nuestra credibilidad.

Sea fiel a sus seguidores

Un líder debe ser fiel a sus seguidores. No estamos aquí para guiarlos por un sendero de flores. El liderazgo firme está cimentado sobre las bases del respeto y entendimiento mutuos.

Un seguidor llega a creer en su líder y a verlo como digno de confianza cuando siente que, en el fondo, su líder quiere lo mejor para los demás. Por lo tanto, no debe solamente aparentar fidelidad para con sus seguidores, tiene que ser fiel a ellos de todo corazón. Trate de llegar a ellos, interésese en ellos, escúchelos, hábleles, hágales preguntas, sea compasivo con ellos. Ayúdeles a alcanzar sus deseos y sus sueños.

Sea fiel a sus valores

La credibilidad implica ser fiel a sus propios valores. Como vimos en un capítulo anterior, las organizaciones deben tener valores fundamentales que las unan una a la otra. Una organización con valores contradictorios nunca sobrevivirá. Los valores comunes son el pegamento que mantiene unida a una organización. Cuando enfrente dificultades, dé prioridad a sus valores fundamentales y apéguese a ellos.

Sea fiel a su sueño futuro

Se fomenta la credibilidad cuando somos fieles a nuestro sueño futuro. Es importante soñar a largo plazo. Cada sueño es un viaje, no un destino.

Habrá momentos buenos y malos, pero es importante apegarse fielmente a su sueño, aun en tiempos difíciles. Nunca se rinda, nunca se dé por vencido. Cuando lleguen tiempos difíciles, recuerde que la adversidad engendra grandeza. El triunfo nace de la tragedia.

Cuando somos fieles a nuestro sueño futuro... cada sueño es un viaje, no un destino.

El día más grandioso de la vida es el día en que uno nace. Con cada nacimiento llega al mundo un nuevo propósito. Aférrese a esos sueños futuros y sea fiel a su propósito.

Sea fiel a su propósito y su visión

Cuando sus seguidores le observan de cerca y perciben que usted ha sido fiel a su propósito, nace la credibilidad. Los demás anhelan ver en su líder un patrón de conducta consistente en la vida. Saber que su líder siempre será la misma persona día tras día, y que no va a cambiar su ideología así como así para encajar en lo que esté de moda, fomenta un fuerte sentido de seguridad.

Sea siempre claro, simple y honorable con su propósito; y sea fiel a este. Si usted cree en su propósito, los demás también lo harán.

Sea fiel a sus principios y creencias

Ser una persona de principios es parte integral de todo liderazgo. Las creencias y principios son lo que nos motiva a actuar. Sea siempre fiel a sus principios. Como líder, nunca se acobarde ni dé marcha atrás. Cuando se trate de demostrar cuáles son sus principios, sea claro y preciso. El mundo está lleno de ambigüedad y generalidades, pero usted debe marcar la diferencia y sobresalir de entre la multitud.

ACTITUD

Actitud y altitud

Un líder debe siempre pulir su actitud. Un hombre sabio dijo: *"Tu actitud determina tu altitud".* La actitud que transmitimos a otros, hacia nosotros mismos, nuestra visión, nuestros errores —estas determinarán la altitud de nuestro desarrollo y crecimiento.

El temor a fracasar, por ejemplo, es una actitud que debería preocuparnos. Albert Hubbard dijo una vez: *"El error más grande en la vida es el temor a cometer uno".* Cuando parezca que existan intentos de acallar al líder, este deberá manifestar la actitud de más bien querer sobresalir por encima de la multitud. James Cook dijo: *"El hombre que quiere conducir la orquesta debe darle la espalda al público".* La actitud del triunfador consiste en persistir cuando todo lo demás le dice que debería desacelerar, detenerse y rendirse.

Su actitud determina su altitud.

En su libro *El hombre en busca de sentido (Man´s Search for Meaning),* Víctor Frankl dijo: *"Tenemos derecho a elegir nuestra actitud".* Frankl se refería a la dolorosa y difícil experiencia de haber vivido en un campo de concentración alemán. Fue llevado lejos de su hogar y despojado de su familia, su dignidad, su ropa y su futuro. Fue obligado a escarbar con sus mismas manos el suelo congelado en busca de comida. Pero sus verdugos no pudieron quitarle el derecho a elegir su actitud —y debido a esto él fue un hombre libre, que gozó de mayor libertad que sus mismos guardias. Su conclusión: *"La libertad suprema es el derecho de un hombre a elegir su actitud".*

Actitudes bajo control

En un viaje reciente hacia los Estados Unidos tuve que volar desde Nuevo México a Dallas, Texas. Lo que debía ser un simple vuelo de sesenta minutos, se convirtió en una caótica pesadilla de dieciséis horas.

Luego de haber despegado, el avión no pudo alcanzar la altitud adecuada debido a problemas mecánicos, así que tuvimos que regresar para reparar el problema. Después de dos horas despegamos de nuevo, pero otra vez se presentaron problemas en el motor. El piloto dijo que en veinte años que llevaba volando, nunca había tenido una experiencia tan terrible como esa. Volvimos al aeropuerto, ahora para reprogramar el vuelo. Pero un mal día estaba a punto de tornarse en algo peor. Serias tormentas estaban golpeando a Dallas —no más vuelos a Dallas. ¡Estupendo! Ya puede imaginarse el caos en el aeropuerto.

Si en algo se parece a mí, seguramente es que usted también detesta hacer filas. Viendo el largo de las filas, supe que me esperaba la madre de todas las eternidades. Podía sentir mi actitud bajando en picada hacia las profundidades negativas del mal temperamento, y mis demás compañeros de infortunio también empezaban a enojarse.

Así que mejor decidí tranquilizarme, morderme la lengua. Después de todo, ¿qué podría hacer yo para cambiar el clima? Pasé tres horas haciendo fila hasta cuando por fin llegué al mostrador. Las opciones eran esperar el próximo vuelo que salía en seis horas, o volar a Denver y luego a Dallas. Yo escogí esta última. Siendo el tipo de persona que siempre quiere estar haciendo algo, pensé para mí mismo: *"Por lo menos no me tengo que quedar aquí perdiendo tiempo".* Tuve que seguir controlando mi actitud hasta cuando finalmente llegué a Dallas.

> "En últimas la libertad es el derecho del hombre de escoger su actitud".
>
> Víctor Frankl

¿Por qué yo?

Luego de dos años de planeación, recientemente montamos un evento de tres días para adolescentes. Todo iba bien una hermosa noche de viernes hasta cuando empezó a caer una leve lluvia. Todo empeoró el sábado, en lugar de leves lluvias cayeron tremendos aguaceros. El domingo fue igual.

Durante ese fin de semana tuve que atender al mismo tiempo otra función. En mi regreso del aeropuerto caía un tremendo aguacero. Miré para arriba y dije: *"¿Porqué yo? ¿Qué mal he hecho?"* Se me hizo un nudo en el estomago y mi actitud hirvió hasta el punto de reventar de ira.

Me di cuenta que era hora de hacer inventario. Había hecho todo lo que estaba a mi alcance. Había orado, llorado, me había preocupado y estresado. Nada de eso iba a cambiar el clima. Lo único que sí se podía cambiar, era mi actitud.

> **Hay cosas que una mala actitud no puede cambiar, pero una buena actitud le ayudará a salir triunfante.**

Llegué al evento y me encontré con una agradable sorpresa. ¿Se habían molestado los chicos por la lluvia? ¡En lo más mínimo! Allí estaban, bailando al son de la música, disfrutando del aguacero y de lodo hasta las rodillas. Ni siquiera la lluvia pudo aguarles la fiesta. El lunes fue un excelente y hermoso día.

Sin importar cómo esté el día, lluvioso o soleado, mantenga siempre una actitud positiva. Recuerde que hay cosas que una mala actitud no puede cambiar, pero una buena actitud le ayudará a salir triunfante. Usted tiene el poder de dejarse esclavizar de su actitud o hacer de ella la llave que le abra la puerta a la libertad.

Una misionera en camino a Camden

Hace algunos años fui el discursante invitado en una convención celebrada en el Reino Unido, a la que asistieron cerca de 40 mil personas. Durante toda la semana, estuvo allí una joven vendiendo insignias para ganarse su propio sustento. Ella quería servir como misionera en Camden, New Jersey. Vendía las insignias por *10 cen-*

tavos de libra cada una (20 centavos de dólar Australiano). Una de las insignias tenía forma de corazón y decía: *"Me encanta Camden"*.

Pero, si usted conoce Camden, sabrá que no es uno de los sitios más encantadores del mundo. Es una ciudad plagada de depresión, violencia y drogas. Aun así, esta joven estaba tan llena de gozo, visión y entusiasmo, que estaba vendiendo las insignias para sustentarse en esa ciudad como misionera. Su actitud era impactante. No tenía una actitud de lástima por sí misma, ni pensaba *"pobre de mí, tener que luchar con tan terrible situación"*. Más bien, estaba llena de entusiasmo y determinación. Esa es la actitud que necesitamos tener aun cuando nos enfrentemos a lo que parezca imposible de superar.

Yo me imagino que la violencia, el odio y otros problemas de Camden todavía siguen sin afectar su espíritu entusiasta. De hecho, *estoy seguro* que así es. ¿Por qué? Porque ella eligió enfrentar esos obstáculos con la actitud adecuada.

Con la mirada en alto

Cuando nuestra actitud cambia, vemos nuestros problemas desde una perspectiva distinta y eso nos da la libertad para verlos de una forma más positiva. Soichiro Honda dijo: *"Me convertiré en el Napoleón de la mecánica"*. Y lo hizo. Napoleón dijo: *"Yo hago las circunstancias"*. Como líderes, debemos tener control sobre nuestras actitudes. Los demás confían en que así lo haremos.

Cuando un líder no actúa en consonancia con sus principios — cuando deja que, por ejemplo, prevalezca un espíritu de mediocridad, sea en casa o en el trabajo— arriesga igualmente la estabilidad de toda su organización o su familia. Nadie que tenga esa actitud de deslealtad a sus principios puede llegar a ser un líder. En cambio, una actitud sana hacia la vida, la gente y las situaciones difíciles, llega a convertirse en el indicador de la grandeza de nuestro carácter.

Oscar Wilde dijo una vez: *"Todos estamos en la zanja, sólo que algunos miramos las estrellas"*. Un líder nunca pone en entredicho sus actitudes. ¡El pesimista tal vez sea quien al final tenga la razón, pero el optimista disfruta más de la travesía! Richard De Vos, quien ha construido un imperio global de negocios, dijo: *"La alegría de la vida sólo se encuentra si miramos hacia lo alto. Vivimos en un mundo emocionante y lleno de oportunidades. Nos espera un gran momento a la vuelta de cada esquina".*

Diez actitudes poderosas

Se podría argumentar que la actitud es la suma total de nuestro concepto de lo que pasa, la gente, el pasado y el futuro. Dale Carnegie dice que hay diez cualidades poderosas que debe poseer un líder. Cada una de ellas incluye una buena actitud:

1. Un gran líder elogia a otros y muestra aprecio sincero.

2. Hace que otros se den cuenta indirectamente de sus propios errores.

3. Habla primero de sus propios errores antes de criticar a otra persona.

4. Hace peticiones en lugar de dar órdenes.

5. Mira a los demás cara a cara.

6. Elogia todo progreso, desde el más leve hasta el más notable.

7. Su reputación es un excelente ejemplo que imitar.

8. Usa palabras de ánimo.

9. Hace que los errores sean fáciles de corregir.

10. Hace que los demás se sientan complacidos de seguir sus recomendaciones.

Cada una de estas cualidades se desarrolla por medio de un enfoque bueno, positivo y lleno de propósito. Un líder no puede elogiar, corregir, ayudar cara a cara, ser una fuente de ánimo o hacer que otros se sientan satisfechos y felices a menos que personalmente posea la actitud adecuada.

Un líder eficaz entiende que las actitudes *son* contagiosas y no se aprenden por explicación, sino por imitación. Las malas actitudes de un líder, tales como la falta de determinación o la indiferencia, se verán reflejadas en quienes le rodean.

> *"Todos estamos en la zanja, pero algunos miramos las estrellas".*
>
> Oscar Wilde

El gran golfista Arnold Palmer recibió en cierta ocasión un excelente consejo de su padre: *"Recuerda hijo, en cualquier juego, el 90% del éxito depende de lo que haya en tu cabeza".* W. Clement Stone dijo: *"Hay una pequeña diferencia entre la gente, pero esa pequeña diferencia hace una gran diferencia. La pequeña diferencia es la actitud. La gran diferencia consiste en si es negativa o positiva".*

Obstáculos y oportunidades

Lo que somos por dentro afecta lo que hacemos por fuera. El mundo refleja nuestra actitud interior. Si como líder, su mundo es oscuro, sombrío, gris, sin visión ni propósito o dirección, es hora de examinar su actitud.

J. Sidlow Baxter escribió un maravilloso libro titulado *Despierta mi corazón (Awake my heart).* En este libro, fija su atención en el concepto de la actitud. Él escribe: *"¿Cuál es la diferencia entre un obstáculo y la adversidad? La actitud que tengamos. Toda oportunidad conlleva sus dificultades y toda dificultad conlleva sus oportunidades. Si lo mejor no es inmediatamente posible, entonces inmediatamente sáquele partido a lo que sea posible".*

Cierto día, un hombre joven llamado Mal Hancock, sufrió una trágica caída que lo dejó paralizado de la cintura para abajo. Una prometedora carrera en atletismo quedó truncada. Su recuperación sería una batalla cuesta arriba. Los días eran cada vez más desconsoladores a medida que él trataba de hacer los ajustes necesarios en sentido físico, emocional y mental.

> *"¿Cuál es la diferencia entre un obstáculo y la adversidad? Nuestra actitud".*
>
> J. Sidlow Baxter

Mientras continuaba en el hospital, Mal desarrolló un particular sentido del humor por las cosas que oía y veía. Empezó a plasmarlas en la forma de caricaturas. No pasó mucho tiempo antes que el personal del hospital empezara a darse una vuelta por su habitación para ver sus caricaturas, que poco después se convirtieron en el centro de gran atención. Con el tiempo, Mal llegó a vender una de sus tiras cómicas a una revista. Este fue su lanzamiento al mundo de las caricaturas. Actualmente, las caricaturas de Hancock aparecen en el *Saturday Evening Post, TV Guide* y la cubierta de su propio libro, *Hospital Humor*.

Mal aprendió que aunque no podía controlar lo que pasara en su vida, sí podía controlar su forma de reaccionar ante las pruebas. Descubrió que los obstáculos presentan oportunidades. La actitud es una fuerza asombrosa que determina el resultado de los acontecimientos catastróficos de la vida.

Cómo enfrentar el dolor

Cuando me dirijo ante un público, sean personas jóvenes o mayores, por lo general pido que levanten la mano quienes hayan sufrido una pena. Luego pido a quienes no hayan levantado la mano que le den *"la vuelta olímpica"* a la sala.

El dolor es parte de la vida diaria. La manera en que un líder vea el dolor y reaccione ante este, puede marcar una gran diferencia en su vida. No hay nada de malo en pasar por experiencias dolorosas, pero lo incorrecto es reaccionar de forma negativa a ellas. Un líder que busque credibilidad, no puede darse tal lujo. He visto líderes que se convierten en unos amargados contra todo y contra todos. Ven la vida a través de la ventana del dolor, la pena y la amargura, y con el tiempo todo llega a opacarse.

Los comentarios, acciones y relaciones hirientes pueden dejar un sabor amargo en la boca y el corazón. Un líder nunca puede ser alguien amargado ni tener un punto de vista distorsionado del mundo. No puede darse el lujo de ser un amargado, pues tal acidez corroerá todo lo que hay a su alrededor.

Cuando parece que a otros les va mejor, ¿reacciona usted con amargura? ¿O acepta sus logros? Siempre es mejor responder positivamente al éxito de otros. Uno nunca sabe, ¡tal vez sea pegajoso!

Por otra parte, cuando se entera de que se habla mal de usted o que corre por ahí un rumor, ¿cómo reacciona? ¿Quiere irse a la ofensiva y desquitarse? ¿O es usted una persona decidida, que sigue adelante y continua haciendo lo que debería hacer?

El liderazgo reaccionario es un gran problema. Debemos tener la fuerza para controlar nuestras emociones. No deje que la mediocridad de otros, su estrechez mental, su falta de visión o sus comentarios negativos afecten su actitud.

> La manera en que un líder vea el dolor y reaccione ante este, puede marcar una gran diferencia en el mundo.

Responda siempre con amabilidad

En cierta ocasión, llegó a una de nuestras reuniones para jóvenes un señor enfurecido. La música estaba a alto volumen, las luces centellaban y más de 8.000 jóvenes gritaban a voz en cuello, divirtiéndose como nunca. No había drogas ni alcohol, era adrenalina pura —el entusiasmo y la emoción de estar con sus amigos.

Entonces, se me acercó este hombre, furioso, hirviendo de ira. Dijo que no estaba de acuerdo con nuestra música enloquecida y que para él todo no era más que un entusiasmo exagerado. Luego perdió completamente los estribos: *"¡Óigame!"*, gritó enojado, *"¡no me gusta esto de la Juventud Viva!"* Yo simplemente sonreí y lo miré a los ojos. Yo sabía que estaba más que simplemente enojado. Le dije: *"Señor, esto se llama Juventud Viva, no medio viva".* Y habiendo dicho eso, me retiré.

El hombre estaba echando humo, y uno de mis colegas me preguntó si estaba enfadado con él. Le dije: *"No, nunca permitas que la actitud de otros dicte la forma en que debes reaccionar, sé amable siempre".*

Cómo mantener una actitud positiva

Usted es la flor y nata, así que no deje que la negatividad, la estrechez mental y la falta de visión de otros arruinen su dulzura. Mantenga una buena actitud y desarrolle un enfoque triunfador al enfrentar problemas.

Modifique la forma en la que usted se habla a sí mismo

Una de las maneras de mantener un enfoque positivo es expresarlo con palabras. Lo que usted dice, refleja su estado de ánimo. ¿Cuántas veces se ha dejado convencer de sí mismo de que esa no es la actitud apropiada, que le tiene miedo a algo o que está enfermo? Pues también puede auto-convencerse de lo contrario.

La primera regla del pensamiento positivo es: *Para cambiar su actitud, debe cambiar su técnica de auto-convencimiento.* En lugar de decir, *"Soy muy viejo",* cámbielo por *"Los mejores años de mi vida están todavía por llegar".* Nuestras mentes y cuerpos reaccionan de acuerdo a la forma en que pensamos.

Eres lo que piensas

La segunda regla es: *Eres lo que piensas y piensas lo que eres.* Controle sus pensamientos o sus pensamientos lo controlarán a usted.

Cada uno elige lo que quiere pensar. Asegúrese de que su mente tiene un sentido de dirección y propósito. No se hunda en un mar de autocompasión por sus fallas o su triste pasado, cambie su forma de pensar. Estos son algunos ejemplos de pensamientos negativos que deben evitarse:

- No valgo para nada.

- Soy un fracaso.

- No puedo lograrlo.

- Soy inferior a los demás.

- Nunca podré lograr algo así.

Hace poco compré una moto acuática. Estaba muy emocionado, hasta cuando me di cuenta que tendría que meter el remolque en reversa para descargar la moto en el agua. Me sentí aterrorizado.

Vi como otros hombres guiaban su remolque en reversa directamente hacia el río. Sobra decir que mi experiencia fue completamente diferente. Cada vez que daba reversa, el remolque giraba en dirección opuesta. Yo daba marcha adelante, enderezaba el remolque y nuevamente daba reversa. Finalmente, uno de mis amigos me dijo: *"Pat, el problema está en tu cabeza".* Tuve que dejar que alguien más llevara en reversa mi propio remolque hasta el río. El problema sí estaba en mi cabeza. Tenía que enfocar mi mente en lo que estaba haciendo para no desviarme a la derecha ni a la izquierda. Puede que

> *Controle sus pensamientos o sus pensamientos lo controlarán a usted.*

parezca algo sencillo, pero lo que tenía que cambiar era mi actitud mental, no la forma en que estaba dando reversa.

El fracaso —la puerta secreta al éxito

La clave verdadera a la actitud correcta no es evitar el fracaso (porque todos fracasamos alguna vez), sino hacerle frente. Nuestros seguidores, electores y consejeros lo entienden, ellos saben que a veces fallamos. Pero lo que quieren ver es credibilidad en nuestra actitud.

Nuestra actitud determinará si podremos levantarnos otra vez y ser el ganador. Si lo hacemos, ganamos credibilidad al instante. Nuestros seguidores también fallarán, pero podrán ver que ponemos el fracaso en su debido lugar. Ellos sabrán que aceptamos el fracaso como un mal inevitable en la senda al éxito. Estarán firmemente convencidos de que no los rechazaremos cuando fallen.

La verdadera clave de la actitud consiste no en evitar el fracaso, sino en hacerle frente.

Nunca debemos pisotear a nuestros seguidores o ahogarlos en sentimientos de culpa por sus fallas. Resaltar constantemente sus fallas es como echarle sal a una herida abierta. Más bien, debemos enfocarnos en lo positivo y elogiarlos por ello. Debemos enseñarles, no golpearles, hay que guiarlos, no arriarlos. Tenemos que suplir sus necesidades, darles ánimo y apoyo. La actitud del líder determina el rendimiento de sus seguidores. La actitud que fluye de palabras y principios, puede edificar o derrumbar a otros.

Un líder digno de confianza siempre extiende a los demás un trato mutuamente constructivo. Siempre tiene una actitud triunfadora ante cualquier situación y aprende a preguntarse: ¿Cómo se van a sentir quienes siguen mi ejemplo? ¿Cómo puedo expresar lo que siento con claridad sin herir sus sentimientos? ¿Expreso mis inquietudes de manera concisa, o trato de arreglar los problemas de forma irracional, brusca y destructiva? ¿Estoy dispuesto a guiar a otros, les ayudo a superar sus fallas y a sobrepasar obstáculos?

Hacerse estas preguntas a sí mismo le ayudará a guiar sus acciones y aumentará su credibilidad como líder. Es asombroso ver cómo sus acciones y su forma de tratar a los demás pueden cambiar con sólo hacer un pequeño ajuste de actitud. Un diminuto cambio de actitud puede producir un resultado enormemente distinto. Si el líder no aumenta en actitud, disminuirá su significado.

ÉTICA

Para ganarse de verdad la credibilidad de sus seguidores, un líder debe regirse por principios éticos. Nunca puede haber reglas dobles — ¡Haz lo que digo, no lo que hago! Los demás deben sentir con toda seguridad que usted es una persona de integridad y que luchará con ellos hombro a hombro. Albert Schweitzer dijo alguna vez: *"Los principios éticos son los que mantienen la vida en su punto más alto de desarrollo".* Los principios individuales de ética dan profundidad y amplitud a las relaciones humanas y son esenciales en la formación de líderes.

Harry Gray, presidente de United Technologies, dijo: *"Indudablemente, nuestro rendimiento individual determina el rendimiento de toda la nación".* Lo mismo es cierto en cuanto a una estructura organizacional. Las filosofías personales de lo correcto y lo incorrecto tendrán un efecto en su organización. La responsabilidad personal de un líder es inculcar, mantener y desarrollar principios éticos en su organización. Los principios éticos fijan el modelo a seguir.

Toda sociedad cuenta con normas de comportamiento que garantizan la supervivencia. Algunos valores que en el pasado se tenían en alta estima, han sido echados al olvido para nuestro propio perjuicio. Maughan escribió: *"Las grandes verdades son muy importantes para ser cambiadas".* Los principios éticos siempre están a la espera de ser redescubiertos por líderes. Cumplir con su palabra nunca pasa de moda y la pureza de corazón nunca deja de estar en boga.

Cuestión de principios

Considere las siguientes situaciones en las que entran en juego principios éticos:

- Ha tenido un día ajetreado y está sentado a la mesa cenando con su esposa e hijos. Se oye timbrar el teléfono. Usted le dice a uno de sus hijos que conteste y diga: *"Papá no está en casa".* Poco después trata de enseñarles a sus hijos que *"la honestidad siempre trae sus recompensas".* En vista de lo que acaba de hacer, ¿cómo explicaría lo que significa decir la verdad?

- Usted sube a un taxi y le indica al chofer a donde ir. Al bajar la mirada, ve una billetera en el asiento. En ella encuentra un nombre, dirección y *$5.000* dólares en efectivo. ¿Qué va a hacer? ¿Considerarlo como un regalo del cielo y quedarse con todo? ¿No prestarle atención y esperar que la suerte le acompañe al dueño? ¿Hacer lo correcto y entregarla en la estación de policía más cercana?

- Esta es una historia real del *San Francisco Chronicle*. La puerta trasera de un camión blindado se abre repentinamente. Por toda la calle van cayendo fajos enteros de billetes. El chofer continúa su ruta sin darse cuenta de lo que está pasando. Hay docenas de personas que se bajan del auto y empiezan a correr tras el dinero que va flotando por el aire. Algunos lo guardan en su bolsillo y se van corriendo, otros juntan el dinero y lo guardan allí hasta cuando llega la policía. ¿Qué habría hecho usted? ¿Tendría que pensarlo dos veces? ¿Le molestaría pensar que otros se han llevado parte del dinero y usted se ha quedado allí para cuidarlo? ¿Se sentiría tranquilo sabiendo que ha hecho lo que usted considera que es correcto y esperaría hasta cuando llegue la policía?

Algunas cuestiones de ética —como las antes mencionadas— son relativamente fáciles de resolver y tienen que ver con nuestra reacción natural a los valores que nos inculcaron desde la niñez. Otras situaciones son muy complejas y difíciles. La manera en que resolvemos tales cuestiones demuestra la calidad de nuestro liderazgo y la medida hasta donde los demás pueden confiar en nosotros.

Para llegar a ser dignos de confianza, tenemos que aplicar principios éticos. Las compañías productoras de tabaco engañan a nuestros jóvenes con anuncios publicitarios que pintan el uso de tabaco como algo sensual, sofisticado y propio de quienes alcanzan el éxito. Al parecer lo hacen sin que siquiera les pase por la mente el hecho de que el tabaco puede producir cáncer o enfermedades cardíacas y pulmonares. Como resultado, las compañías productoras de tabaco no son muy dignas de confianza.

> *"Indudablemente, nuestro rendimiento individual determina el rendimiento de toda la nación".*
>
> *Harry Gray*

No prometa lo que sabe que no puede cumplir. No pague con un cheque si sabe que su cuenta está en ceros. No mienta ni manipule las cosas para salir ganando. No use el sarcasmo como un juego cruel para fomentar disgustos entre otras personas.

Imagínese cómo sería el mundo en que vivimos si todos viviéramos a la medida de altas normas éticas —amar al prójimo como a sí mismo, tratar a los demás como le queremos que nos traten a nosotros, respetar los Diez Mandamientos (que en nuestros días se consideran más como las Diez Sugerencias).

La integridad lo es todo en un líder. No se puede esperar que los demás crean o sigan a un líder que no cumple con su palabra. Un líder relacional debe tener altos principios éticos, así es como nos hacemos dignos de la confianza de nuestros seguidores, electores y colegas.

En la práctica

Estas son pues, las piedras de fundamento sobre las cuales se basa la credibilidad. ¿Cómo construye sobre estas el líder relacional?

He aquí una lista de veinte patrones de comportamiento, que cuando se ponen en práctica, garantizarán lealtad, confianza y credibilidad de parte de sus seguidores. De hecho, estos son los veinte patrones de comportamiento que regularmente ponen en práctica aquellos líderes que he conocido y en quienes he puesto mi confianza.

1. Me han inspirado.

2. Me han retado.

3. Me han guiado.

4. Me han dado su confianza.

5. Me han dado poder.

6. Me han aconsejado.

7. Me han enseñado.

8. Me han disciplinado.

9. Me han escuchado.

10. Me han mostrado lo que es apegarse a sus convicciones.

11. Me han hecho parte de su celebración.

12. Me han abierto puertas.

13. Me han protegido de mí mismo y de otros.

14. Me han corregido y reprendido.

15. Me han dado de su tiempo.

16. Me han hecho parte de su visión, sus victorias y sus logros.

17. Me han dado bondadosamente.

18. Me han infundido ánimo.

19. Me han tratado no como si fuera una amenaza, sino un amigo.

20. Me han cuidado.

También deberíamos querer demostrar estas mismas características al tratar de fomentar confianza y credibilidad entre todos aquellos que nos rodean.

El líder que desea adquirir credibilidad se enfoca en las áreas clave que se han delineado previamente. Esta es la lista final de verificación.

- La confianza es el fundamento de la credibilidad —debe ganarse la confianza de los demás si espera que sigan su iniciativa.

- La confianza requiere accesibilidad —hay que ser abordable.

- No es posible mantener credibilidad si los valores fundamentales se tiran por la ventana, o si sus seguidores no sienten que son imprescindibles, que son queridos, valorados y cuidados.

- Ser siempre el mismo es esencial, tanto para mantener una actitud mental positiva (aun en medio de grandes dificultades) y para vivir la vida en consonancia con sus principios éticos.

El líder relacional eficaz sabe cuán importante es mantener la credibilidad. Es el pegamento que une armoniosamente a líderes y seguidores.

CAPÍTULO SEIS

LIDERAZGO Y CRECIMIENTO

En muchos aspectos, el crecimiento no es algo fácil de lograr. Es cierto, tanto los árboles como los humanos crecemos de forma natural, pero, intente convencer al director ejecutivo de una compañía multinacional de que lo mismo sucede en los negocios. En realidad, el gran crecimiento llega a través de pasos pequeños. (Alcohólicos Anónimos, enseña a la gente a trabajar sobre metas alcanzables, por ejemplo, estar sobrio una hora a la vez, un día a la vez. Ellos saben que los pequeños triunfos son los que cuentan).

Los líderes que procuran el crecimiento, establecen metas alcanzables en lugar de metas demasiado altas que no van a lograrse. Algunos líderes crean estándares que están más allá de las posibilidades de sus colaboradores, e incluso de las suyas propias. Si nadie puede alcanzar las metas que usted como líder establece, lo más posible es que el objetivo esté muy alto y quizás usted necesite dividir la meta en partes que se puedan alcanzar más fácilmente.

Un amigo me contó cómo logró que un grupo de jóvenes que estaban a su cargo, se convirtieran en buenos lectores. Como todos sabemos, muchos jóvenes muestran poco o ningún interés hacia la lectura, así que se le ocurrió hacer una competencia que tenía reglas muy estrictas, y todos los participantes tenían que cumplirlas al pie de la letra, de lo contrario, serían descalificados inmediatamente. Lo que ocurrió después, fue asombroso.

He aquí lo que hizo

Para participar en la competencia, todos tenían que comprar un determinado libro que él les indicaba. Una vez compraban el libro, este era muy bien empacado en la bolsa de compra. Los muchachos ni siquiera sabían el nombre del libro que iban a leer ni tenían idea de su contenido y bajo ninguna circunstancia podían abrir la bolsa para mirarlo.

El gran crecimiento llega a través de pasos pequeños.

Después de un par de días, se les permitía destaparlos (eso no suena muy emocionante, en sí mismo, pero mi amigo había creado gran expectación). Sin embargo, aún no se les permitía leer el libro.

El siguiente paso era abrir el libro y cerrarlo. No debían leer nada, ni hojearlo, ni siquiera echar un vistazo rápido al contenido. Sólo se les permitía abrirlo y cerrarlo, y debían hacerlo tres veces al día por tres o cuatro días. ¿Puede imaginar lo frustrados que estaban algunos de ellos?

A continuación, mi amigo les permitió abrir los libros y leer una frase —ni una más, ni una menos, tres veces al día. Después de hacer esto por unos días, comenzó a permitirles abrir el libro y leer un párrafo —ni uno más ni uno menos— tres veces al día. Si alguno leía más de un párrafo, era descalificado inmediatamente.

En este punto, los chicos estaban frenéticos. Había creado tal nivel de expectativa en ellos que hasta comenzaban a sentirse frustrados con su líder. ¡Querían avanzar y descubrir el contenido total de ese libro! Así que les permitió avanzar a una página cada vez y luego a un capítulo a la vez. Finalmente, habían leído todo el libro.

Este fue el nivel de crecimiento que alcanzó

1. Creó un apetito por la lectura que antes era inexistente.

2. Despertó la curiosidad del grupo por averiguar cuál sería el siguiente paso.

3. Los animó a memorizar a través de la repetición.

4. Creó un conocimiento de lo que trataba el libro y sentido de anticipación.

Mi amigo logró desarrollar exitosamente en ellos el deseo de aprender más, de una forma poco ortodoxa. Obtuvo crecimiento en personas que se hubieran resistido a avanzar, si el concepto se les hubiera comunicado de otra forma. Eventualmente, el equipo completo de jóvenes se convirtió en un grupo de líderes. Al convertirlos en lectores, los convirtió en líderes.

Y eso ocurrió poco a poco en varios pasos.

Cómo se produce el crecimiento

Los líderes sacan lo mejor de las personas y producen crecimiento en ellas. Su trabajo es ver el potencial que tienen y hacerlo crecer. Los líderes pueden incentivar el crecimiento en otros de muchas formas; con una palabra, una nota de ánimo, una frase de inspiración.

Pero para producirlo, primero necesitamos entender cómo ocurre. He aquí algunas de las formas en que lo hacen:

1. *Las experiencias de la vida enseñan crecimiento a los que están dispuestos a aprender.*

2. *Las relaciones sólidas estimulan la expansión y agudizan las habilidades.*

3. *Los líderes son buenos lectores – La lectura produce crecimiento.* Hay una gran riqueza de conocimiento para adquirir mediante la lectura de buenos libros. Lea todo tipo de libros, independientemente de que esté o no de acuerdo con lo que dicen. No le tema a la contradicción. Desafíela y permítale afilar su ingenio.

4. *Escuche grabaciones producidas por buenos oradores que hayan crecido y aprendido a través de la experiencia.* A veces se puede extraer de una cinta lo que no se puede extraer de un libro —la emoción y el alma del orador.

5. *Las dificultades y los tiempos difíciles nos enseñan cómo actuar y reaccionar.* Las dificultades nos enseñan a ser fuertes y a manejar las emociones.

6. *Ganar enseña grandes lecciones.* Nunca se es demasiado mayor o demasiado exitoso para aprender las cosas que llevan a la victoria.

7. *El método de prueba y error puede enseñarnos mucho.* Hay que ser tonto para no aprender de los errores. El poeta Archibald MacLeish lo dijo de esta forma: *"Sólo hay una cosa más dolorosa que aprender por experiencia: no aprender de la experiencia".*

8. *La educación y el entrenamiento producen crecimiento.* Ya sea en el salón de clases o a través de entrenamiento en el trabajo, la educación práctica produce crecimiento.

9. *La observación es una gran maestra.* Aprenda de lo que observa en otros. El crecimiento no tardará en ocurrir.

10. *Escuche plenamente.* No se convierta en un oidor poco efectivo, escuchando sólo lo que quiere y filtrando lo que no. Lo

que necesitamos oír, frecuentemente puede resultar doloroso, pero también contribuye al crecimiento si respondemos de la forma correcta. Aprenda a escuchar.

CRECIENDO EN RESPONSABILIDAD

Hay muchas áreas en las que los líderes deben crecer, pero la principal debe ser siempre el área de la responsabilidad. Los líderes deben acrecentar su nivel de responsabilidad y el grado en el que cuidan de otros, lo que significa que los líderes no pueden quedarse quietos. Hay una curva de crecimiento en el liderazgo que se llama *"aprendizaje".*

Cuando un líder se niega a crecer, ya no merece llamarse líder. Es inmoral condenar a otros al nivel de nuestra propia mediocridad. Nadie seguirá a un líder irresponsable por mucho tiempo. La inspiración proviene de los líderes responsables.

> *"Sólo hay una cosa más dolorosa que aprender por experiencia: no aprender de la experiencia".*
>
> Archibald MacLeish

Nos guste o no, el líder es responsable del crecimiento de todos. Aquí recae la responsabilidad última. Los líderes son administradores de las vidas de otras personas, y no es posible que los líderes deleguen absolutamente todas sus responsabilidades y tareas. Por supuesto, siempre habrá cosas que se salen de su control; usted no es responsable de que el sol salga en la mañana, o de que las mareas suban o bajen, pero sí debe tomar muy en serio las cosas que están bajo su responsabilidad.

De modo que los líderes relacionales deben aceptar la responsabilidad tanto por sus propias vidas como por las de aquellos a quienes dirigen.

La responsabilidad por usted mismo

Vivir con culpa

Los líderes no deberían vivir mirando al pasado, volviendo la vista atrás hacia las oportunidades que perdieron. Las oportunidades deben ser aprovechadas a medida que aparecen. No recuerdo en dónde lo leí, pero es muy cierto que *"nada causa más dolor que la culpa".*

Hace algunos años experimenté la veracidad de esas palabras. Yo era muy cercano a un orador brillante, un joven que tenía la habilidad de mover a su audiencia de la risa a las lágrimas de forma que sólo he visto hacerlo a pocas personas. Era brillante, tenía habilidades para la comunicación, un gran futuro y grandes oportunidades se le presentaban en todas partes del mundo. Parecía tenerlo todo, y su lema en la vida era *"vivir libre de culpas".*

> **Cuando se acepta la responsabilidad, se vive sin pesares.**

Nunca olvidaré el día en que llamé a su casa y pregunté por él. El niño pequeño al otro lado de la línea me dijo: *"Lo siento, Pat, papá ya no vive aquí".* Cuando le pregunté a mi amigo acerca de la inocente relación que había causado el fracaso de su matrimonio, sus promesas rotas y que sus hijos quedaran heridos emocionalmente, lo único que pudo hacer fue culpar a su esposa y a sus hijos por no entender cuán talentoso era él, cuán ocupado había estado y cuánto había hecho por ellos. No pudo aceptar la responsabilidad por sus actos y, lo peor, ahora debe vivir con la culpa.

Ser líder significa aceptar la responsabilidad por nuestras acciones. Si aceptamos la responsabilidad de nuestros actos jamás tendremos que vivir con culpa.

La responsabilidad nos libera y aceptarla nunca representa un obstáculo para el verdadero líder. Esto es tanto más sorprendente dado que la responsabilidad de un líder no termina hasta que este deja de serlo. Aprenda cómo crecer en responsabilidades y nunca trate de evitarlas. Hágase responsable de sus propias acciones.

Respondiendo al daño

Los líderes también son responsables de cómo responden al daño. Si alguien lo hiere, examine si lo hizo de forma intencional o no. No toda forma de daño es un ataque, ni todos los daños son intentos vengativos de destruirlo.

Al final, usted es responsable de sus reacciones a los actos (tanto buenos como malos) de otros. Por ejemplo, sólo usted puede controlar la forma como habla. Mucha de la fricción que hay en nuestra vida diaria es causada por la forma como decimos las cosas, y no necesariamente por la forma como la gente escucha las cosas. Somos responsables por nuestras palabras.

El perdón

Una de las mejores maneras de demostrar crecimiento en el área de la responsabilidad es mediante perdonar. Todas las personas —incluyéndonos a nosotros mismos— fallan, así que todos necesitamos que se nos ofrezca compasión. Las grandes personas están hechas de esta cualidad.

> *"Si estás sufriendo por la injusticia de un hombre malo, perdónalo, antes que haya dos hombres malos".*
>
> San Agustín

Nos guste o no, somos responsables de perdonar a otros. San Agustín decía *"Si estás sufriendo por la injusticia de un hombre malo, perdónalo, antes que haya dos hombres malos".*

La responsabilidad con otras personas

Asegurar el futuro de otros es una responsabilidad del líder. No lo deje al azar o a la suerte. Usted debe ser atento a su misión y llevar a cabo sus planes y promesas. No puede controlar cómo reaccionan las personas pero puede controlar sus propias actitudes y acciones. La habilidad de mantener una actitud positiva, buen humor y la de ser audaz, son todas responsabilidades relacionadas al liderazgo. Por otro lado, no usar nuestras facultades es irresponsable.

La responsabilidad conlleva acción. Este factor distingue a los líderes de los subalternos –los verdaderos líderes saben qué hacer y lo hacen; los subalternos podían saber qué hacer pero podrían no hacerlo. Cuando usted le recuerda a un adolescente que haga su tarea, o que sea puntual, la respuesta que recibe es increíble: *"Lo sé, sip... lo sé"*. Pero lograr que hagan lo que saben que deben hacer es otra historia.

La diferencia entre saber y hacer se llama crecimiento necesario y es la brecha entre el hacer y el hablar.

La habilidad de lograr, mejorar y desarrollar es otra cualidad que sitúa a los líderes delante de sus seguidores. Los líderes deben mirar a su alrededor y preguntarse: ¿qué necesitan mis colaboradores para crecer? Puede que las antiguas normas no funcionen; después de todo se trata de diferentes personas con personalidades, habilidades, sueños y visiones individuales. Los líderes no sólo deben crear el ambiente individual para el crecimiento sino también las oportunidades necesarias. Esto tiene mucho que ver con la planeación y la gestión de personal —cómo lograr lo mejor de cada individuo.

Construyendo grandes personas

He aquí algunas de las cosas que los líderes deben hacer si buscan formar grandes personas:

1. *Pregúntese: ¿Cuál es la estrategia para el crecimiento?*

2. *Esté dispuesto a cambiar, a seguir creciendo, a avanzar.*

3. *Sea un ejemplo de crecimiento.*

4. *Evalúe lo que costará dicho crecimiento.*

5. *Desafíe a su equipo a crecer.*

6. *Permítales crecer.*

7. *Libérelos para que puedan hacerlo.*

8. *Planee con miras a su crecimiento.*

9. *Monitoree y reconozca su crecimiento.*

10. *No se sienta amenazado por su crecimiento.*

CRECIENDO EN COMUNICACIÓN

Después de crear un plan para el crecimiento corporativo e individual, los líderes a menudo enfrentan un gran desafío, que a su vez requiere crecimiento de su parte: comunicar sus planes y aspiraciones.

Una de las de las debilidades más crónicas del liderazgo es expresar ideas. No mejorar sus habilidades de comunicación puede hacer que un líder, que en otras circunstancias sería bueno, se vuelva ineficaz. Muchos seres humanos encuentran difícil expresarse, pero la comunicación es una clave vital para lograr nuestros propósitos y estrategias.

> No logras comunicar cosas a un nivel superior, si estas no logran entenderse en el nivel más básico.

Los líderes relacionales efectivos entienden el proceso de la comunicación. La palabra *"comunicación"* viene de una raíz latina que significa *"estar en comunión"*. La comunicación es y siempre *será personas hablando con personas para entender lo que se dice.* No es lógico hablarle a sus subalternos en un idioma extranjero, como tampoco es lógico comunicar desde los rangos elevados algo que no es entendible en los niveles más básicos.

Los líderes que se comunican bien producen crecimiento tanto en sus colaboradores como en los negocios y en sus vidas profesionales y personales.

Aspectos de la comunicación

La comunicación juega un papel fundamental en el crecimiento. Los siguientes son aspectos importantes de la comunicación:

1. Los líderes deben entender a la gente con la que se están comunicando. No se necesita ser un experto en personalidades, pero es necesario entender cómo piensan ciertos tipos de personalidad y cómo pueden ser motivados. Cada persona es única. Recomiendo especialmente el libro *Enriquezca su Personalidad (Personality Plus)* de Florence Littauer. Cuando maneje grupos, vigile su lenguaje corporal y expresiones faciales. Trate de hacer que se sientan cómodos, ya sea que esté hablando con un grupo o con un individuo.

2. Tenga en mente algunos consejos para la buena comunicación:

   - *Conozca el tema del que habla.* Las personas detectan la vaguedad inmediatamente.

   - *Mire a su auditorio.* Desarrolle contacto visual.

   - *Haga que su auditorio se sienta cómodo y relajado.* Puede contar una historia o un chiste (preferiblemente, no uno cursi).

   - *Asegúrese de que le agrada su audiencia.* Enamórese de los que le escuchan y ellos se enamorarán de usted. Las personas se resisten a la agresión, especialmente la pública.

- *Ilustre y aplique lo que enseña.* No se limite a exponer conceptos. Muestre cómo funcionan y cómo aplicarlos.

- *Confíe en sí mismo.* La confianza proviene de saber que lo que está diciendo es verdad y que vale la pena seguirlo.

- *Involucre a su auditorio.* Hágalos reír o interactuar de alguna otra forma. A las personas les encanta la interacción. Use ademanes y expresiones faciales. Sonría.

- *No los sobrecargue con información.* Mantenga su mensaje sencillo.

- *Sea auténtico.* Según el Dr. Wayne Dyer esta es la primera regla de la oratoria. Es importante hablar desde el corazón, no sólo desde la cabeza.

La comunicación y la credibilidad

Como vimos en el capítulo anterior, la credibilidad es vital para el éxito en el liderazgo. La cualidad más importante que usted tiene es su credibilidad. Sin ella su comunicación sería en vano, porque la forma como usted vive habla mucho más fuerte que las cosas que pueda decir. Las personas siguen más a sus acciones que a sus palabras. Incluso su gran visión y crecimiento pueden ser ahogados por la falta de credibilidad, pero esta puede transmitir su mensaje muy claro incluso antes que usted lo exprese.

Cuando comunique su plan de crecimiento, tenga cuidado con sus suposiciones sobre las personas con las que está tratando de comunicarse. Personalmente, he caído en la trampa de hacer muchas suposiciones, para mi propia desilusión. Las suposiciones no son hechos probados y muy frecuentemente no tienen base en la realidad. Es muy fácil caer en el error de especular, manifestar algún prejuicio y cometer otros *"pecados"* de comunicación en contra de nuestros colaboradores.

Recuerdo a un colega que siempre estaba haciendo suposiciones sobre mí. No hay nada más frustrante que tener a alguien diciéndote lo que estás pensando, especialmente si están equivocados. *Póngase en los zapatos de los demás y piense cómo reaccionaría, en lugar de ponerlos a ellos en los suyos.*

El tacto

El crecimiento puede ser un proceso doloroso, así que, cuando comparta su visión, recuerde que una de las cualidades de los buenos comunicadores es el tacto. La persona que despliega tacto, comunica sus ideas teniendo en cuenta las circunstancias y el momento. El tacto se trata de mostrar consideración hacia otros y es una combinación de interés, sinceridad y cariño. No se trata de hacer cosas complicadas o imposibles.

> Póngase en los zapatos de los demás. No trate de ponerlos a ellos en los suyos.

Hay una historia sobre un vendedor de zapatos que tenía mucho tacto. Una señora que tenía pies muy grandes vino buscando su ayuda. En lugar de decirle en seco que sus pies eran muy grandes para los zapatos que quería comprar, lo puso de esta forma: *"Lo siento, no tenemos su talla. Parece que estos zapatos son muy pequeños para usted"*, en lugar de decirle *"Sus pies son muy grandes"*. Eso es tacto.

Los líderes no deben volverse como los políticos, con miedo de tomar o comunicar decisiones difíciles, sino que necesitan mostrar el mismo cuidado y sensibilidad que les gustaría recibir, al comunicarse. Las personas no pueden leer mentes. Ni sus colaboradores, ni su equipo, tampoco su clientela, ni su familia conocen lo que usted piensa.

Por eso, debe procurar comunicarse de forma clara. Escuché a alguien decir en alguna ocasión: *"Un problema bien expresado está a la mitad del proceso de ser solucionado"*. Los sentimientos expresados de forma poco clara ciertamente nunca generan más que fracaso.

Comunicación reaccionaria

La comunicación nunca debe ser reaccionaria. Los líderes, a menudo ven y escuchan cosas que les hacen hervir la sangre y reaccionar de mala manera. La regla es: *Actúe, no reaccione.*

Las reacciones denotan que hay emociones fuera de control; las acciones demuestran que alguien tiene el control. Se necesita de una persona madura para seguir trabajando por sueños y metas en lugar de reaccionar a la crítica o a las inseguridades de otros.

> *"Una gota de miel atrae más moscas que un galón de vinagre".*
>
> Abraham Lincoln

Hubo una vez un político que había ganado muchas elecciones. Era un hombre íntegro y honorable, y gozaba de alta estima en su ciudad. Pero entonces se presentó un joven advenedizo para competir con él en las elecciones locales. En su afán de ganar adeptos a su causa, el joven comenzó a atacar al político prominente, acusándolo falsamente de malas acciones y de hacer tratos por debajo de la mesa.

El encargado de Relaciones Públicas del político mayor le dijo: *"Usted debe tomar partido en contra de estas cosas. Debe decirles la verdad. Dígales que este hombre está mintiendo".* El hombre mayor le respondió: *"¿Ha visto alguna vez a un perro ladrándole a la luna? El perro ladra y hace mucho ruido, pero la luna sigue brillando".*

No importa qué le pase, o lo que digan de usted, elija no reaccionar. Simplemente siga brillando, como la luna. Abraham Lincoln decía: *"Una gota de miel atrae más moscas que un galón de vinagre".*

Escuchar y hablar

Dorothy Neville hizo un interesante comentario acerca de la comunicación: *"El verdadero arte de la conversación no es solamente saber decir lo apropiado en el lugar apropiado sino abstenerse de decir algo inapropiado en el momento más tentador"*. Eso es tacto y diplomacia, saber cuándo hablar y cuándo guardar silencio.

> *"El verdadero arte de la conversación no es solamente saber decir lo apropiado en el lugar apropiado sino abstenerse de decir algo inapropiado en el momento más tentador".*
>
> Dorothy Neville

Igualmente importante es saber cuándo y cómo *escuchar*. Nunca minimicemos el poder de escuchar ni el poder de las palabras. La comunicación es tanto escuchar como hablar; involucra igualmente palabras y silencio. Para ser un buen orador y comunicador primero debemos aprender a escuchar de forma efectiva.

Los líderes deben escuchar cuidadosamente lo que sucede a su alrededor. Sólo así podrán evaluar acertadamente las situaciones e implementar los cambios necesarios. Abraham Lincoln decía: *"Cuando me preparo a razonar con un hombre, paso una tercera parte de mi tiempo pensando en mí y en lo que voy a decirle, y dos terceras partes pensando en la otra persona y lo que dirá"*. Él pasaba dos partes de su tiempo pensando en la otra persona. Estaba más interesado en escuchar que en hablar.

Peter Drucker añade otra idea en qué pensar: *"Lo más importante en la comunicación es escuchar lo que no se está diciendo"*. Ese es un nivel más avanzado del arte de escuchar. Uno que requiere tener tanto un corazón como unos oídos perceptivos. La comunicación no comienza con entender a los líderes, sino con líderes que tratan de entender a los demás.

Comunicarse con el corazón

Me encanta esto que dice John Maxwell: *"Para dirigirse a sí mismo, use la cabeza. Para dirigir a otras personas, use el corazón"*. Maxwell tiene razón. En la comunicación, las emociones son claves. Use su corazón y no sólo la cabeza y así inspirará a otros para bien.

Para comunicarse usando el corazón, recuerde lo siguiente:

- *Las seis palabras más importantes son: "Yo admito que cometí un error".*

- *Las cinco palabras más importantes son: "He hecho un buen trabajo".*

- *Las cuatro palabras más importantes son: "Déjame saber tu opinión..."*

- *Las tres palabras más importantes son: "Podrías, por favor..."*

- *Las dos palabras más importante son: "Muchas gracias"*

- *La palabra más importante: "'Nosotros'"*

- *La palabra menos importante: "Yo"*

Lamentablemente, el autor o autora de estas palabras es desconocido, pero ciertamente era una persona muy sabia. Este es el más sabio consejo relativo a la comunicación que he leído.

> *"Para dirigirse a sí mismo, use la cabeza. Para dirigir a otras personas, utilice el corazón".*
>
> John Maxwell

Comunicarse con el corazón significa usar las palabras de forma muy cuidadosa. Ellas deberían servir para edificar a otros, no para derrumbarlos. Deberían inspirarlos a actuar, impulsarlos hacia el futuro, no arrastrarlos al pasado. Deberían ser oportunas, no apresuradas. Recuerde, en la comunicación, una lengua afilada y una mente brillante nunca se encuentran en la misma cabeza.

Finalmente, escoja sus palabras cuidadosamente para asegurarse de que las personas lo entiendan. Una de las historias más graciosas que he escuchado sobre la comunicación, es la de una mujer llamada Joan, quien estaba hablando con su vecina por encima de la cerca. Joan dijo: *"Lo que ha sucedido en casa durante la semana pasada me ha dejado en un estado de consternación".* Su amable vecina le respondió rápidamente, *"¿Por qué no pruebas con jugo de ciruela?"*

La comunicación puede entorpecerse. Los líderes persiguen el crecimiento, y este requiere comunicación buena y clara; así que, en última instancia, los buenos comunicadores serán líderes relacionales exitosos.

CRECIENDO EN SABIDURÍA

Los líderes deben crecer en sabiduría si quieren ayudar a otros a ser sabios. Es posible crecer en sabiduría, ya que esta es la combinación del conocimiento y la experiencia; las dos cosas van de la mano.

Desafortunadamente, es muy fácil tratar de aplicar sabiduría a otros cuando carecemos de ella en nuestras propias vidas. Un líder sabio presta atención a su propio consejo y toma acción a partir de él.

Uno de los más grandes tesoros de sabiduría se encuentra en el libro Proverbios. A continuación leerá sólo una corta sinopsis de lo que la sabiduría, según Proverbios, puede hacer por nosotros:

- Trae entendimiento.

- Da instrucción.

- Produce prosperidad.

- Ayuda a evitar el mal.

- Aumenta nuestro aprendizaje.

- Contribuye a establecer límites.

- Proporciona discernimiento.

- Crea disciplina.

- Brinda felicidad.

- Provee confianza.

Conocimiento y sabiduría

Hay una gran diferencia entre el conocimiento y la sabiduría. Eso se puede ver en el hecho de que muchas personas entendidas hacen cosas muy poco sabias. Por ejemplo, los empleados comunitarios que trabajan con jóvenes saben mu-

> Los líderes deben crecer en sabiduría si desean ayudar a otros a hacerse sabios.

cho acerca de los problemas de abuso de drogas, pero, tristemente a veces no logran aplicar ese conocimiento a sus propias adicciones.

Sabiduría es la *aplicación* del conocimiento y de la verdad. Vivimos en una época en la que el conocimiento crece hasta niveles increíbles, pero parece que en nuestro estilo de vida moderno se están tomando muchas decisiones poco sensatas que están devastando comunidades, negocios, iglesias, hogares y matrimonios. Las personas no están siendo sabias al tratar con otros.

La sabiduría es pensar con antelación, sabiendo lo que se debe hacer después. Sabiduría es la habilidad de discernir y de demostrar perspicacia y percepción en situaciones variadas y difíciles; la habilidad de reconocer los problemas antes que se conviertan en catástrofes totales.

Adquiriendo sabiduría

¿Cómo adquirimos sabiduría? Lo hacemos a través de las experiencias de la vida y mediante cultivar amistades con personas dignas de confianza.

Los mentores nos transmiten sabiduría, y es por eso que soy un gran defensor de la mentoría como responsabilidad del líder. Un buen comienzo en la búsqueda de sabiduría es encontrar personas que se interesen por usted y entiendan sus deseos, sueños, fortalezas y debilidades. Personas que serán honestas con usted. No se puede crecer en sabiduría a menos que otras personas lo ayuden. Sólo con sabiduría se podrá formar a grandes personas.

Rodearse de personas que hacen preguntas difíciles y que lo hacen adoptar la actitud apropiada no siempre es fácil, pero es de gran importancia para el líder del futuro. Los líderes deben crecer, y para lograrlo se necesita de un proceso de mentoría. La sabiduría no es algo que se dé de un día para otro.

Aprendiendo de personas sabias

La sabiduría es la aplicación de la verdad y del conocimiento.

Para quienes desean convertirse en personas sabias, una forma fácil de empezar es leer autobiografías de gente exitosa. Nadie jamás ha llegado al éxito sin sabiduría, así que, lea sobre gente con visión, con carácter, que entendía el costo del éxito.

Tales personas son creativas, orientadas hacia las metas, capaces de servir a otros, deseosas de crecer, rebosantes de confianza, animadoras y siempre activas. Las personas que valen la pena —aquellas de quienes se escriben biografías— son fuertes, respetuosas, generosas y piadosas. Llegar a estar familiarizado con este tipo de personas le ayudará a crecer en sabiduría.

El uso del habla

Los líderes eficaces utilizan palabras sabias para introducir en las vidas de otras personas mensajes libres de queja, pereza, distracción y descontento. Cuando miramos a nuestro alrededor, vemos como la influencia de la televisión, otros medios informativos, las estrellas desorientadas del pop y el internet invaden todo, promoviendo mensajes contrarios a la sabiduría influenciando a los jóvenes de forma negativa y dañina. Tales mensajes destruyen el libre pensamiento. No motivan ni convencen. En lugar de ello promueven un comportamiento insensato —falto de moral, alejado de una dirección racional y estimulan un estilo de vida frustrante y vacío.

Los líderes sabios tienen la capacidad de influenciar la mente, las emociones y los sueños de la gente, en lugar de apoyar las voces negativas y vacías de nuestra acelerada cultura popular, carente de valores. Crecer en sabiduría significa saber cuándo y dónde tomar partido para influenciar a otros para bien.

CRECIENDO EN INFLUENCIA

Hay una conexión entre la sabiduría y la influencia. A medida que se vuelve más sabio tendrá más influencia en otros. Por eso, si uno desea ser influyente, debe rodearse de personas sabias.

Influenciar significa depositar en otros algo que cambia o afecta sus decisiones. Muchos políticos tienen consejeros, hombres y mujeres que influencian sus decisiones.

> **Los buenos líderes se rodean de personas influyentes.**

Ellos a su vez influencian a personas a su alrededor en relaciones recíprocas.

Si no hay relaciones recíprocas no hay liderazgo. Los líderes no viven lejos de lo que está ocurriendo; son parte de ello. El liderazgo no se trata de mandar o de repartir responsabilidades. Se trata de ganar credibilidad a través de una relación personal, y luego, usar esa relación para comunicar un plan de crecimiento de la mejor forma posible. La imagen de un jefe superior y subordinados inferiores es cosa del pasado.

Ser influyente significa ser sabio en el uso de las palabras, conectándose con los sueños de las personas, sus metas, ambiciones, y deseos; y saber cómo alcanzarlos. Para lograr esto se necesita sabiduría, ya que sin ella es imposible establecer los planes necesarios para formar grandes personas.

El liderazgo es influencia

Hablando sobre la influencia de los líderes, el Presidente Harry Truman dijo: *"Un líder es alguien que tiene la habilidad de hacer que otros hagan lo que no quieren hacer y de hecho lo disfruten".* Fred Smith, mi autor favorito dice: *"El liderazgo es influencia".*

Es muy importante que se rodee de personas de influencia, para así convertirse también en una persona influyente. Es fácil mirar alrededor y ver la influencia que tienen los líderes. Por ejemplo, piense en Bill Gates; sólo mencionar su nombre y automáticamente se nos vienen a la cabeza ideas sobre computadoras y comunicación. Henry Ford influyó profundamente en la industria del automóvil, Michael Jordan ha influenciado el baloncesto y los deportes en general, sin mencionar la publicidad. La Madre Teresa, Nelson Mandela, Ray Crock, el Coronel Sanders, todos ellos han influenciado al mundo.

La influencia es importante, y para lograr tener una buena influencia se necesita sabiduría. La mala influencia puede causar mucho daño. Como lo expresa la Biblia: *"Si un ciego guía a otro ciego, ambos caerán en el hoyo".*

Afectando el ahora

Los líderes sabios e influyentes afectan el ahora. También afectan el futuro y nos ayudan a entender que las imposibilidades son simplemente posibilidades mal definidas que podemos re-direccionar si hacemos un esfuerzo extra. Así que, haga ese esfuerzo adicional, piense de forma creativa y evite estancarse.

La influencia sabia produce crecimiento, ayuda a animar a otros a lanzarse hacia aguas más profundas con sus propios planes para el éxito, planes que a la larga les ayudarán a hacer realidad sus sueños. Y, eso es precisamente la definición de liderazgo: ayudar a otros a alcanzar su máximo nivel.

Puntos sabios de referencia

Cuando un líder crece en sabiduría, él o ella se convierten en punto de referencia para aquellos colaboradores que quieren convertirse en grandes personas. Un líder de influencia es un modelo. Otros copiarán e imitarán este punto de referencia. ¿Con qué frecuencia escucha a alguien citar a Michael Johnson o a Carl Lewis? Los que lo hacen encuentran puntos de referencia en esas personas exitosas y están comenzando el proceso de establecer patrones.

Aquellos que se hacen exitosos en cualquier campo, evolucionan para convertirse en puntos de referencia para otros. Con frecuencia, cuando se rompe un record olímpico, alguien vuelve a romperlo poco tiempo después. Esto ha ocurrido incluso cuándo el record inicial se había mantenido por veinte años o más. ¿Por qué? Porque de repente se crea un nuevo punto de referencia para otros que desean seguir los pasos del mejor.

Es impresionante la rapidez con que la gente piensa que pueden establecerse nuevos records, alcanzarse nuevas metas y escalarse nuevas alturas, una vez que alguien ha tenido éxito y se ha convertido en un punto de referencia que influye en ellos.

Pioneros y precursores

Los líderes sabios e influyentes son a menudo pioneros y precursores, los primeros en escalar una

Los líderes se caracterizan por su pasión de lograr sus objetivos.

montaña imposible. Al serlo, hacen que otros se esfuercen y alcancen nuevas metas. Eso produce crecimiento.

Un precursor va delante de los demás y lidera el camino hacia nuevas oportunidades, hacia posibilidades ilimitadas y hacia la conquista de obstáculos infranqueables. Cuando un líder influyente fija una meta y se dirige hacia terrenos nuevos, otras personas siguen ese camino innovador. Debido a su naturaleza innovadora, los líderes sabios serán criticados frecuentemente y sus motivos pueden ser cuestionados. Las personas influyentes siempre serán atacadas por aquellos que disfrutan de gestionar las instituciones y mantener el status quo. Las instituciones mantienen las cosas en un estado manejable y cómodo; cada cosa confinada a una pequeña caja, por decirlo así. Los líderes influyentes, hacen que las personas rompan esas barreras y escalen más alto.

William Booth

El General William Booth, el gran fundador del Ejército de Salvación no gozaba de la mejor opinión por parte de los líderes religiosos de su época. Algunos, hasta le llamaron charlatán. Aun así, más personas asistieron al funeral de Catherine Booth —su igualmente famosa esposa— que al de la Reina Victoria, demostrando así la enorme influencia del Ejército de Salvación.

Como William Booth, cualquier líder que quiera influenciar a otros para bien, no se conformará con trabajar para mantenerse. En lugar de ello, le consumirá la pasión por el progreso y el crecimiento, por dirigirse a donde nadie ha llegado antes. Esas personas experimentan el crecimiento de forma inevitable, ya que en esas circunstancias se libera el potencial. No habrá tiempo para quejarse o pelear, ya que las personas estarán demasiado ocupadas alcanzando sus objetivos.

El crecimiento en McDonald´s

Si le dijera que los empleados de McDonald´s crecen constantemente, usted probablemente pensaría: *"Sí, sus cinturas crecen muchísimo"*. Pero, ¿realmente entiende usted lo que esta influyente compañía logra con su personal?

John Love escribió el libro, *Behind the Arches*, en el que comenta: *"El cuatro y medio por ciento de la fuerza laboral de los Estados Unidos ha trabajado para McDonald's. El primer empleo de uno de cada 15 trabajadores americanos ha sido en McDonald's. Aunque la mayoría ahora trabaja para otras empresas, fue en McDonald's donde aprendieron por primera vez a tener una rutina de trabajo, disciplina, y a trabajar en equipo"*. ¿Puede creerlo? El cuatro y medio por ciento de los americanos creció profesionalmente porque a alguien se le ocurrió la idea de producir hamburguesas en masa.

Puede que esa no sea su idea o la mía, pero usted entiende el concepto. Alguien tomó el mando y las personas comenzaron a crecer.

OBSTÁCULOS PARA EL CRECIMIENTO

Recuerde que hay muchos obstáculos que impiden el crecimiento. Los líderes y los seguidores enfrentan dichos obstáculos. El primero de estos es, sentirse amenazado.

Nunca se sienta amenazado por el éxito de sus compañeros o subalternos. Eso entorpece el crecimiento.

Los síntomas del líder amenazado son:

1. *Excluir a las personas y "ponerlas en su lugar".*

2. *Alegrarse por los fracasos de otros.*

3. *Suprimir y reprimir la creatividad y la libertad de expresión.*

4. *Dar estímulo no sincero, simplemente de palabra.*

5. *Ser temeroso del éxito de otros.*

6. *Rebajarlos.*

7. *Hacerse grande a expensas de otras personas.*

8. *Ser intimidante.*

9. *Ponerse a la defensiva.*

10. *Permanecer distante y esquivo.*

11. *Tomarse todo el crédito.*

12. *Ser innecesariamente competitivo.*

13. *Avergonzar a otros y criticarlos públicamente.*

14. *Atacar su habilidad, dignidad y desempeño sin motivo.*

El líder que no se siente amenazado, o líder influyente

El líder influyente que no se siente amenazado produce crecimiento en sus colaboradores de las siguientes maneras:

1. Dando a otros el lugar que merecen.

2. Poniéndose en sus zapatos y ayudándoles a dar la talla.

3. Lamentándose por sus fracasos pero mostrándoles cómo ser exitosos.

4. Liberando la creatividad y estimulando la diversidad.

5. Dándoles estímulo honesto y respaldándoles con aportes prácticos.

6. Persiguiendo el éxito y estimulándolo.

7. Impulsándolos hacia la cima.

8. Haciéndolos grandes por su propio esfuerzo.

9. Animándolos en los tiempos difíciles.

10. Siendo abierto y sensible.

11. Convirtiéndose en su amigo.

12. Compartiendo el crédito.

13. Siendo competitivo de forma positiva.

14. Elogiándolos en público y corrigiéndolos en privado.

15. Protegiendo su desempeño y dejando su dignidad intacta.

16. Dándoles reconocimiento y estímulo por sus habilidades.

¿Qué clase de líder es usted?

El liderazgo no se trata de jefes y subordinados, amos y esclavos. Tampoco se trata de tener habilidades para la administración o de tener la estructura correcta. Se trata de construir un sentido de comunidad, pertenencia, familiaridad y confianza.

Los líderes son servidores confiables, defensores, entrenadores y socios. Es cierto que el rango trae privilegios, pero los líderes sabios nunca confían en el poder para lograr que las cosas se hagan. Nunca usan amenazas o sobornos, porque nadie se hace grande de esa forma. Los líderes se esfuerzan por acrecentar su sabiduría para poder identificar las necesidades de su equipo y desarrollar programas que lleven al crecimiento de cada indi-

> La posición otorga poder, pero los líderes sabios nunca confían en el poder para hacer que las cosas se hagan.

viduo. Habiendo hecho eso, buscan comunicar sus planes de forma efectiva y amorosa.

No se equivoque. Los líderes no son todopoderosos ni reciben con su cargo algún tipo de poder divino. El poder de influenciar — de forma sabia y con el crecimiento como objetivo— es algo que se gana a través de la confianza, la calidez y la credibilidad. Los líderes se empeñan en su propio crecimiento para poder entonces buscar el crecimiento de otros.

Los líderes no pueden esperar el mejor servicio o la mejor calidad de tiempo de sus colaboradores si los tratan como a inferiores. Tales acciones nunca sacan lo mejor de las personas ni les ayuda a crecer. Los líderes que crean un sentido de comunidad, lealtad y honestidad, y que se comunican de forma clara con sus colaboradores, logran sacar el potencial escondido que hay en ellos. Así es como se forma grandes personas.

¿Qué clase de líder es usted?

CAPÍTULO SIETE

EL LÍDER COMO AMIGO

La amistad es un factor clave para cualquier líder. Como dice el proverbio: *"Más valen dos que uno solo, pues tienen mejor remuneración por su trabajo".* Es imposible ser un líder relacional eficiente o un buen mentor sin haber aprendido primero cómo entablar relaciones humanas básicas.

Comencé este libro con un debate sobre líderes y sus relaciones con sus colaboradores. Luego analizamos la mentoría, lo que implica que hay una relación existente. He hablado largo y tendido sobre ser un líder *"relacional",* así que para este momento debería ser obvio que soy firme partidario de que los líderes establezcan buenas relaciones con sus subalternos. De hecho, no hay una sola función del liderazgo que no dependa de esto. Leer esto puede sorprenderlo, especialmente dado que muchos líderes han sido entrenados en la vieja escuela, que predicaba *"Nunca fraternice con los subalternos".* Hacer eso fue visto por los líderes como un poco denigrante, por lo que tal modelo no puede sobrevivir a nuestro siglo *XXI.*

En este capítulo, quiero centrar la atención en la amistad y especialmente en cómo esta une a los líderes y sus colaboradores para que el crecimiento del que hemos estado hablando llegue a ocurrir. Está bien hablar de crecer y de crecimiento, pero ¿en qué contexto en particular puede ocurrir este? Creo que el contexto es la amistad, la cual es mutua e indistinta.

El doctor John D. Rockefeller dijo una vez, *"Una amistad basada en los negocios es mejor que un negocio basado en la amistad"*. Pero su trabajo no es llenar su calendario social con agasajos a sus colegas sino entablar con ellos relaciones significativas que lleven al crecimiento.

> **Estoy convencido de que la amistad es el modelo esencial para el liderazgo exitoso en el siglo XXI.**

Estoy convencido de que la amistad es el modelo esencial para el liderazgo exitoso en el *siglo XXI*. Si pretende construir grandes personas, aquí es donde se comienza.

La importancia de los amigos

Los amigos de los que nos rodeamos serán las personas que influenciarán nuestros pensamientos y decisiones. Un gran ejemplo de alguien que fue influenciado de manera negativa por asociaciones nada aconsejables fue el presidente de los Estados Unidos Richard Nixon, quien escuchó el consejo de personas poco confiables y tuvo que pagar las consecuencias.

Por eso, sea cuidadoso con sus asociaciones. Emily Clemastine dijo una vez: *"Tenga cuidado con el ambiente que elige, este lo formará; tenga cuidado con las cosas que escoge, porque adoptará su forma".* Y yo añadiría: tenga cuidado con las asociaciones que elige. Una manzana podrida daña el barril completo.

Sin embargo, las buenas relaciones nunca causan daño. George Elliot dijo una vez: *"La amistad es el placer inexpresable de sentirse a salvo con una persona, sin necesidad de pesar nuestros pensamientos o medir nuestras palabras". "Mi mejor amigo es aquel que saca lo mejor que hay en mí".*

Todos necesitamos amigos. Son la esencia de lo que significa ser humano y tener habilidades de comunicación. Somos criaturas hechas para comunicarnos con otros. Los amigos nos dan seguridad y constituyen un tesoro especial. En lugar de dar por sentada la amistad o a los amigos, los líderes deberían trabajar duro por esas relaciones.

Un hombre sin amigos

Sin amistades, nuestras vidas estarían llenas de enajenación y desorientación. Howard Hughes, uno de los hombres más ricos del mundo, murió sin amigos.

Este hombre determinó los destinos de miles de personas y, aun así vivió una vida vacía y efímera. Su barba le creció hasta la cintura y su cabello hasta la mitad de su espalda. Sus uñas medían 2 pulgadas y por no recortarlas llegaron a parecerse a sacacorchos. Estuvo casado con Jean Peters —una de las mujeres más hermosas del mundo— durante 13 años pero nunca fueron vistos juntos en público. Tenían habitaciones separadas en el Hotel Beverly Hills y se divorciaron en 1970. A menudo decía: *"Todo hombre tiene un precio, de lo contrario un hombre como yo nunca podría existir".* Aun así, ningún dinero le fue suficiente para comprarse amigos.

¿Por qué era tan solitario? Simple. Nunca aprendió a entablar amistades o a disfrutar de otras personas. Siempre estaba muy ocupado manipulándolos como para hacerse su amigo.

Lo que no es la amistad

La amistad definitivamente no se trata de usar a las personas. Tampoco es cuestión de saber cómo se llama o de compartir la oficina. Muchas personas asumen que los conocidos son amigos pero eso no es cierto. La amistad es algo muy diferente.

Los líderes no deben dar por sentada la amistad o a los amigos, sino que más bien deben trabajar duro por cultivar las relaciones.

Los líderes necesitan más que simples conocidos. Necesitan amigos que estén dispuestos a hacer un esfuerzo adicional. La amistad tampoco consiste en estar cerca de la gente. Mi héroe más grande es Jesucristo. Muchas personas estaban cerca de él. Uno de ellos, Judas, le besó y otro de ellos, Juan, apoyó la cabeza en su pecho. Pero Judas lo hizo porque iba a traicionarlo, y Juan apoyó su cabeza en el pecho de Jesús porque estaba dispuesto a morir por él. Los dos estaban cerca de él y fueron afectuosos, pero sólo uno de ellos era un verdadero amigo.

En el liderazgo se necesita identificar tanto al Judas básico como al Juan básico. Yo quiero ayudarle a encontrar a los Juanes del mundo, así que le propongo mostrarle una de las más grandes amistades que ha existido y que se documenta en la Biblia: la amistad entre Jonatán y David.

PRINCIPIOS PARA ENTABLAR AMISTADES

Cuando uno piensa en Jonatán, piensa en uno de los personajes más interesantes del antiguo Israel. Jonatán, el hijo del primer rey de la nación, Saúl, desplegó muchas de las cualidades de un verdadero amigo. Estas son las características que los buenos líderes deben buscar en sus amigos, y que también deben cultivar en sí mismos.

Almas atadas

Lo primero que aprendemos de Jonatán es que *"su alma estaba atada"* a la de su amigo David. Sus almas estaban atadas.

Imagine esto: El joven David —rubicundo, apuesto y vestido con ropa de lana de oveja, acaba de regresar de matar al gigante Goliat. Cubierto de sangre y sudor, camina hasta dentro de la tienda del rey, cargando todavía en su mano la cabeza de Goliat cuya sangre gotea en el suelo.

¡Qué hay del decoro y las buenas maneras! ¡Esa no es la forma de presentarse ante un rey! ¿Cuántos de nosotros pensaríamos en presentarnos en el Palacio de Buckingham, la Casa Blanca o la oficina del primer ministro luciendo así?

Sin embargo, algo notable sobre Jonatán es que se muestra totalmente indiferente a ese hecho. David viste como un limosnero; Jonatán viste ropaje real. David es pobre; Jonatán es rico; David creció en el campo; Jonatán en un palacio. Pero cuando Jonatán ve a David, las escrituras dicen que sus almas llegaron a estar atadas.

Una causa en común

A pesar de lo diferentes que eran estos dos jóvenes, es aquí donde encontramos el primer principio para la construcción de la amistad. *Tenían una causa en común.*

Cuando analizamos la vida de Jonatán, descubrimos que su padre, el rey Saúl, era un hombre amargado y colérico. Por otra parte el padre de David, Isaí, ni siquiera parecía darse cuenta de la existencia de su hijo. Cuando el profeta Samuel llegó por primera vez para buscar entre los hijos de José al hombre que reemplazaría a Saúl como rey, David estaba fuera cuidando las ovejas. Su padre y sus hermanos lo habían olvidado.

Es importante entender que Jonatán y David tenían un interés en común: ambos sufrían el rechazo de sus padres. Y aunque esa es una experiencia dolorosa, resalta su apego mutuo. Nunca se escucha a Jonatán o a David quejándose o hablando en forma negativa sobre sus padres. Nunca lo mencionan. Jamás hablan sobre su dolor, pero eso los unía profundamente. De forma similar, si usted quiere entablar amistades duraderas con la gente, necesita compartir con ellos algunas metas, objetivos, valores, principios y creencias comunes, o, como prefiero llamarlo: *una atracción mutua.*

Crear una causa en común con sus seguidores, beneficia a todos los implicados.

La amistad de Jonatán garantizó que el odio de Saúl hacia David nunca resultara en daño físico. Si usted construye relaciones de calidad con los que le rodean –particularmente con sus colaboradores– tales relaciones lo protegerán del daño.

Crear una causa en común con sus seguidores beneficia a todos los implicados. Ellos le advertirán del peligro, le ayudarán en los tiempos difíciles, lo motivarán cuando esté desanimado y contribuirán a su éxito, todo porque usted es su amigo.

Comparta el éxito

La segunda cosa que notamos sobre Jonatán, es que compartió su éxito con David. Cuando David entró en el palacio real en Jerusalén, Jonatán le hizo una promesa especial de amistad y le dio su propia vestidura.

Si usted quiere construir relaciones duraderas con las personas, asegúrese de que no le atemoriza la idea de compartir su éxito con ellas. Jonatán se quitó su vestidura real y se la dio a David, un joven pastor cubierto de sudor y sangre. En la vida, si usted es exitoso y quiere entablar buenas amistades, debe estar dispuesto a compartir su éxito con otros y a recibirlos en su *"palacio".* Es importante ser generoso con los amigos.

El que un líder disfrute de que sus compañeros y amigos puedan ser tan, o incluso más exitosos que él, es una muestra de su propia seguridad.

No se sienta amenazado

Al poner su vestidura sobre David, Jonatán muestra que no se siente amenazado ni celoso por el gran éxito militar de David. No le preocupa lucir mejor que él, aunque su propia auto-anulación contribuye al éxito de David.

Destruir relaciones es fácil. Incluso las menores muestras de celos y el liderazgo inseguro destruyen los beneficios mutuos de la amistad. El que un líder disfrute de que sus compañeros y amigos puedan ser tan, o incluso más exitosos que él, es una muestra de su propia seguridad.

Ceda su armadura

Además de dar su vestidura a David, Jonatán también le dio su armadura. ¿Qué idea transmite eso? Protección.

Un amigo fiel nos protege mediante estar atento a lo que pueda representar un peligro. Algunas personas dicen ser amigas, pero cuando llegan los momentos de adversidad, en lugar de advertirnos y protegernos, nos pondrán en la línea de fuego.

Por otro lado, necesitamos proteger a nuestros amigos de peligros tales como el chisme y los rumores, asegurándonos de cubrirlos con nuestra armadura —la armadura de la responsabilidad, la protección y el estímulo.

Disfrute de sus amigos

Jonatán disfrutó de su amistad con David. Su padre, Saúl, trató personalmente de matar a David e incluso ordenó a sus soldados y sirvientes que lo persiguieran. Aun así, Jonatán —sabiendo que algún día su amigo llegaría a ser rey, le contó a David sobre los planes de su padre y, en lugar de participar de este plan letal, protegió a su amigo.

Un amigo fiel, ya sea un líder o un colaborador, es alguien que protege sin tener en cuenta el aspecto del rango. Nunca se debe anteponer la posición a la amistad.

Recuerdo cuando trabajaba en cierto comité. Muchos de los

> Un amigo fiel, ya sea un líder o un subalterno, es uno que se interesa más en protegerlo que en tener una posición más alta que la suya.

miembros estaban insatisfechos y querían que yo tomara el control como líder. Sin embargo, el presidente del comité era uno de mis amigos más cercanos. Decidí hablar con él en nombre de la junta para dejarle saber las preocupaciones de los miembros de una manera amable. Dejé muy claras mis intenciones: nunca pretendería tomar el control de ese comité. Aunque yo sabía que el equipo necesitaba un liderazgo y una visión más frescos, no quería ser quien le apuñaleara y tomara el control.

Esto fue difícil y doloroso para mí, pero hasta este día somos los mejores amigos. Aunque era una situación difícil, mi meta era protegerlo y proteger su dignidad, no apropiarme de su posición. Al final, la medida más apropiada fue pedirle que renunciara al cargo. Y aunque ese fue el proceder apropiado, esto nunca dañó nuestra relación.

Ceda su espada

Jonatán también le dio a David su espada. En ese momento David supo que si alguna vez una espada se ponía en su contra, no sería la de Jonatán. Con frecuencia digo, cuidado con el hombre que no te dé su espada.

Si un amigo le ha *"dado su espada"*, entonces cuando alguien haga comentarios en su contra, usted sabrá al menos de dónde no proceden. Para un líder, saber de dónde *no* provienen la crítica y las estocadas, es tan importante como saber de dónde sí provienen. He visto a hombres y mujeres en altos cargos de autoridad acusar a sus colaboradores de cometer actos de deslealtad e infidelidad, aun cuando ese no era el caso. Los líderes que tienen amigos saben que cuando reciben una estocada, esta no proviene de mano de sus colaboradores.

Cuidado con el hombre que no te dé su espada.

Es importante tener la clase de amigos que no lo traicionarían, pero para lograr eso, usted debe ser el tipo de persona que no traicionaría a otro. Necesita rodearse de personas que no lo atacarían sino que, de ser necesario, lo ayudarían porque usted es un amigo confiable.

Entonces, haga lo que sea necesario para formar líderes que sean leales y que puedan protegerle. En pocas palabras, hágase verdadero amigo de sus colaboradores.

Proteja a otros

Jonatán protegió a David al darle su escudo. Esto ilustra bellamente el valor de ser vulnerable y abierto, paro también alerta a los líderes sobre la importancia de tener cuidado con aquellos que no dejarían caer su escudo.

¿Alguna vez se ha acercado a alguien pensando que ha encontrado una ventana a su ser y se ha topado de súbito con un muro? Incluso personas en posiciones de liderazgo pueden simplemente cerrar las puertas y mantener a todo el mundo a prudente distancia, pero esto no crea verdadera intimidad. Los líderes a menudo se esconden porque tienen miedo, están avergonzados o se sienten amenazados. Construyen muros en lugar de ventanas.

Los líderes necesitan dejar caer sus escudos pero no la guardia. En otras palabras, no hay nada de malo en tratar de protegerse; simplemente no se cierre tanto que deje de entablar relaciones íntegras y honestas con otros.

Lealtad

Uno de los factores que hizo de la amistad entre Jonatán y David algo tan especial, fue su vínculo de lealtad. Su lealtad estaba basada en una promesa de reconciliación.

Gracias a la popularidad que ganó David tras haber derrotado a Goliat, el rey Saúl desarrolló un intenso sentimiento de envidia hacia él que lo llevó a perseguirlo violentamente durante los siguientes seis años. Jonatán, sin embargo, continuó tratando de reconciliar a su padre con su mejor amigo.

Un amigo verdadero y leal siempre dará cuenta de sus buenas cualidades y le ayudará a construir puentes con otras personas. Los líderes pueden herir a la gente tanto intencional como involuntariamente, pero un amigo verdadero siempre lo concientizará de la situación, sin tomar ventaja de ello para provecho personal. Los verdaderos amigos tratan de reparar los puentes que se han derrumbado.

Cumplir las promesas

Una de las promesas que David hizo, fue que cuando se convirtiera en rey, nunca haría daño a la familia de Jonatán. Años más tarde, mucho tiempo después de que Saúl y Jonatán habían muerto en batalla y David se había hecho rey, él recordó esa promesa.

Preguntó si había quedado alguien de la *"casa (familia) de Saúl"* a quien él pudiera mostrar bondad *"por causa de Jonatán".* Alguien recordó a uno de los hijos de Jonatán que tenía tan sólo cinco años de edad, cuando este fue trágicamente asesinado. Y mencionó que era inválido. David lo encontró y se dio cuenta que este era un mendigo en las calles. Entonces, lo llevó a su propia casa y nombró trabajadores para que laboraran en los campos y produjeran dinero para él. Le prometió que, mientras estuviera vivo, comería a la mesa del rey. David le devolvió la tierra que por derecho le pertenecía a su padre y a su abuelo y lo trató como a su igual en la casa del rey.

> El líder que es un verdadero amigo siempre sabe cumplir sus promesas.

Hay varias lecciones importantes que los líderes sensatos pueden aprender de la forma como David trató a la casa de Jonatán:

1. *El líder que es un verdadero amigo siempre cumple sus promesas.*

2. *Un líder cuida de sus amigos y de sus intereses, aun si estos han sido relegados y olvidados.*

3. *A los líderes no les atemoriza ser asociados con la tragedia de otros, ni carecen de compasión para ayudar cuando circunstancias trágicas golpean a sus amigos y familiares.*

La lealtad no comienza desde los subalternos; comienza desde los líderes y es heredada y transmitida de uno a otro. Fluye desde los líderes hasta los subalternos. Estimular la lealtad en nuestras corporaciones y negocios es tan simple como mostrar lealtad nosotros mismos.

La amistad nunca debería basarse en cosas negativas sino en cosas positivas, y la lealtad es una de esas maravillosas cosas positivas sobre las que se puede construir una amistad.

AMISTAD Y LIDERAZGO

Los líderes siempre serán buenos amigos —bueno, si quieren ser exitosos. Cathy Monhke dice: *"La amistad es como las vitaminas. Cada uno cubre las necesidades diarias mínimas del otro".* Sus amistades tendrán un gran impacto en gran parte de lo que pasa en su liderazgo.

Desafortunadamente, el concepto actual de amistad a menudo se asemeja al que ofrece la televisión, uno carente de dirección, valores y verdadera lealtad. Pero los buenos líderes reconocen que ellos tienen el poder absoluto para escoger qué tipo de relación tendrán con sus colaboradores.

Un proverbio dice que si queremos tener amigos, debemos ser vistos como amigables. Pero eso no siempre resulta fácil. Las amistades en el campo de los negocios y el liderazgo no aparecen por que sí; necesitan construirse.

La amistad, como el liderazgo en general, requiere de honestidad, de integridad y de compromiso con las promesas, aun cuando eso pueda resultar doloroso. También requiere que los líderes crezcan personalmente, que avancen y que se comprometan en las relaciones con sus colaboradores.

En otras palabras, la responsabilidad de desarrollar amistades no recae en otros sino en nosotros. Como individuos y líderes, debemos esforzarnos por ser amigos y por fomentar la amistad con otros. Debemos aprender a ser abiertos y a armonizar con otras personas.

Aprenda a ser amigo

Una canción de los Beatles dice: *"Con un poco de ayuda de mis amigos, puedo salir adelante".* No sólo es importante que los líderes encuentren el círculo adecuado de amigos; también es importante que ellos mismos se conviertan en el tipo correcto de amigos.

Frecuentemente escuchamos decir: *"Si pudiera andar con más gente exitosa, yo sería exitoso".* Eso es muy cierto, las personas exitosas tienden a andar con gente exitosa. Y eso también pasa en el campo de la amistad. Si quiere tener buenos amigos, primero debe ser un buen amigo.

De manera similar, a veces las personas cuestionan a sus cónyuges o compañeros permanentes diciendo: *"Quizás si yo estuviera con otro hombre/mujer, las cosas serían diferentes".* Pero las *"cosas"* no serían en absoluto diferentes, porque usted aún sería el mismo. La base de nuestros problemas no son las otras personas. Somos nosotros mismos.

Entonces, si quiere tener buenos amigos, aprenda cómo ser uno. ¿Por qué no empieza por preguntarle a sus colegas, socios de negocios, empleados o a aquellos a los que entrena cuáles son sus intereses y aficiones? Muéstrese interesado en aquello que los apasiona. Consiéntalos cuando están de cumpleaños o halágelos cuando muestran iniciativa. Si descubre que uno de sus colaboradores es un fanático de la pesca, regálele una nueva caña de pescar en su cumpleaños. Así es como comienzan las amistades.

Los buenos líderes piensan menos en ellos mismos y más en otros. El Presidente George Bush dijo una vez: *"Use el poder para ayudar a la gente. No se nos da el poder para adelantar nuestros propios propósitos ni para dar un gran espectáculo en el mundo o para hacernos un gran nombre. El único uso correcto del poder es servir a la gente".*

John Maxwell dijo: *"Los líderes deben estar suficientemente cerca como para relacionarse con otros, pero suficientemente adelante para motivarlos".* Ser un buen líder significa saber cómo entablar amistades sin dejar de ser fuerte, innovador y visionario.

Recuerde: la amistad es el ingrediente clave que le permitirá formar a las grandes personas que necesita para hacer que su organización sea exitosa.

> *"Los líderes deben estar suficientemente cerca como para relacionarse con otros, pero suficientemente adelante para motivarlos".*
>
> John Maxwell

EL CRECIMIENTO PERSONAL Y EL LIDERAZGO EFECTIVO

Este libro ha tratado en su totalidad sobre cómo los líderes pueden llegar a crecer hasta lograr su pleno potencial, así que sería un error no concluir con algunas palabras sobre el crecimiento —mi tema favorito—. Toda persona necesita crecer tanto en lo personal como en el liderazgo. El rehusarnos a seguir creciendo ni siquiera nos permite permanecer en nuestro estado actual de éxito y productividad; al detenernos, simplemente comenzamos a retroceder. Existe un efecto degenerativo que dicta que lo que no está creciendo, simplemente está muriendo, pero no hay un punto medio. Esto sucede por dos razones:

- Mientras nos estancamos, otras cosas siguen avanzando

- Cualquier cosa que no crece, pronto muere —es una ley de la naturaleza

El cómo y el por qué del crecimiento

Cuando hablamos de crecimiento, el *cómo* y el *por qué* son igualmente importantes. La naturaleza misma nos enseña que si una planta que está en sus etapas tempranas de desarrollo crece en ángulo —es decir que crece inclinada hacia la izquierda o la derecha, o no está sostenida de forma apropiada por una estaca- su patrón de crecimiento se desarrollará en esa área. En lugar de crecer de forma recta, podría inclinarse hacia un lado, en cuyo caso habrá que enterrar una estaca en la tierra para ayudar a la planta a crecer de forma idónea. Es importante hacer esto mientras la planta aún es joven, ya que la forma en la que crece (el cómo) es tan importante como la razón por la que crece (el *por qué*).

El crecimiento es relativo

Siempre es importante recordar que toda forma de crecimiento es relativa, dado que depende en gran medida de con qué se le compara. Aunque todos necesitamos crecer de forma continua, muchas personas sienten que ya han alcanzado su máximo nivel. Sin embargo, lo que para una persona puede ser su *"techo"*, para otra puede ser apenas su *"piso"*.

Tomemos como ejemplo los ingresos. Algunos podrían sentir que han alcanzado el máximo de lo que podrían ganar. Si usted es uno de ellos, considere el nivel de ingresos de un ejecutivo en jefe. No importa qué tan alto sea este, la mayoría de los que son realmente buenos aún no han alcanzado su nivel máximo de ingresos. Si no está de acuerdo, compare a Rupert Murdoch con Bill Gates. ¡Siempre hay otro nivel! Y lo mismo es cierto en cuanto a crecimiento personal, motivacional, educacional e intelectual. Así que, si usted ha alcanzado su *"techo"* sólo habrán dos opciones: estrellar su cabeza contra ese techo o abrirse espacio hasta un siguiente nivel. El crecimiento es vital, porque necesitamos avanzar hacia nuestro futuro. Sólo entonces podremos lograr el máximo crecimiento para nuestras organizaciones. El crecimiento es evolución, expansión y desarrollo —la razones genuinas del crecimiento.

El crecimiento es un viaje

Cualquier líder que piense que ya ha llegado, en realidad nunca ha emprendido el viaje. Cuando nos negamos a abordar temas de crecimiento personal en cualquier área, estamos refrenando ese proceso. Aquellos líderes que no le dedican suficiente tiempo, consideración y energía a lograrlo, se refrenan a sí mismos y a sus organizaciones y es como si pusieran un freno a su éxito particular y corporativo, ya que estos dependen del fortalecimiento y crecimiento.

Muchos líderes no logran entender que ninguna posición es permanente. En el campo del liderazgo existen niveles de crecimiento y de progreso hacia los cuales avanzar, pero también existen espirales descendentes. En el crecimiento también se presentan golpes, choques y magulladuras; no obstante, no hay nada más valioso en la vida que el crecimiento humano. Tan sólo piense en los aspectos de la vida que se ven afectados a través del crecimiento: las influencias, la prosperidad, los valores, la vida de familia y el éxito. Todos estos aspectos dependen del desarrollo y del crecimiento.

Las habilidades para el liderazgo son transitorias

Todo es transitorio. Todas las cosas se mueven y evolucionan. Nuestras habilidades para ser buenos líderes son transitorias, porque necesitan que se les aguce y se les mejore constantemente. Nuestro nivel de éxito puede traducirse en un mayor crecimiento, mayor productividad e incluso hacia un mayor sentido de logro. Aquellos que quieren ser líderes exitosos, deben conocer sus propias fortalezas y limitaciones. Deben dejar de lado sus limitaciones mediante trabajar en ellas y aguzar sus fortalezas para alcanzar nuevos niveles de éxito. Los líderes que tienen hambre de éxito examinan constantemente su desempeño, su participación, sus aciertos y desaciertos. Podemos aprender del pasado y nuestro compromiso con el crecimiento puede moldear nuestro futuro. Max DePree dice: *"No podemos convertirnos en lo que necesitamos ser, quedándonos donde estamos".* Otro sabio dijo una vez: *"Nunca es demasiado tarde para convertirse en lo que pudiéramos haber sido".*

Nuestras habilidades para ser buenos líderes son transitorias, porque necesitan que se les refine y se les mejore constantemente.

Robert Schuler lo expresó de esta forma: *"Si no tienes la capacidad de expandirte eres prescindible".* Líderes, ¿se quedan ustedes en la cotidianidad o se permiten experimentar? ¿Están atrapados por la fuerza de la costumbre sin siquiera intentar romper la protección de esa zona cómoda para intentar algo nuevo o fresco? Recuerden que ese viejo dicho *"Así es como siempre se han hecho las cosas"* ha sido la ruina del crecimiento personal de muchas personas. Necesitamos seguir rompiendo las barreras de las zonas cómodas que refrenan las ideas y el empeño, y que cierran la puerta a las nuevas oportunidades.

Lo que somos ahora

Como líderes, más importante que donde estamos, es hacia dónde nos dirigimos y en qué nos estamos convirtiendo. Si monitoreamos cuidadosamente nuestro crecimiento y nos nutrimos de la forma adecuada todos podemos llegar a ser mejores de lo que somos ahora. Una vez escuché a alguien que decía *"la vida mejora cuando uno mismo mejora".*

El ex presidente Americano Harry Truman dijo: *"La vida está llena de posibilidades".* Adquirimos valor si crecemos y nos expandimos. El trabajo es más satisfactorio si decidimos dar lo mejor de nosotros mismos. Las posibilidades son infinitas.

El crecimiento es apasionante

Zig Ziglar lo explica en estos términos: *"Ve hasta donde alcance tu vista y cuando llegues allí te darás cuenta de que siempre puedes ver mucho más".* En el campo empresarial, he visto a muchas personas recibir reconocimiento y he tenido el privilegio de observar su crecimiento en términos de liderazgo, responsabilidad y éxito. Su mundo entero parece cambiar a su alrededor; su semblante, su manera de vestir. Se muestran más confiados, más atentos a los detalles. Han avanzado un poco en el camino y ahora contemplan un horizonte más amplio hacia el que quieren seguir avanzando.

Convirtiéndonos en aquello que debemos ser

Recuerde, estamos convirtiéndonos en aquello que debemos ser y ello implica el deseo intenso de aprender. Ninguna persona crece a menos que esté deseosa de escuchar y de aprender. No importa qué nivel se haya alcanzado en la vida, toda persona está en condiciones de aprender más. Por eso es imperioso leer, escuchar, hablar, contar con un mentor a quién admirar e imitar. Debemos ser lo suficientemente humildes como para recibir dirección, y lo suficientemente fuertes como para recibir comentarios e incluso (y debo decir que odio ese término) crítica constructiva.

Hay elementos de mi actual rol de líder que, de haberlos tenido bajo mi responsabilidad hace algunos años, me habrían destruido tanto a mí como a otras personas. Simplemente no estaba listo. Tenía

Ninguna persona crece a menos que esté deseosa de escuchar y aprender.

que aprender a manejar personal, controlar presupuestos, manejar el dinero, tenía que aprender a tratar con la gente y sus diversas personalidades y de haber tenido que hacerlo hace 10 ó 12 años hubiese causado un desastre.

Aunque mi potencial para el liderazgo siempre ha estado allí, tuve que desarrollarme para llenar ese cargo, y a su vez, el cargo tuvo que crecer dentro de mí. Tuve que aprender. Debemos vernos a nosotros mismos como líderes en proceso y personas en progreso. J.C Penney dijo: *"Nadie tiene por qué quedarse como es por un minuto más, ya que el Creador nos dotó con la habilidad de cambiarnos a nosotros mismos".*

Factores que obstaculizan el crecimiento

Hay numerosas razones por las que algunos líderes dejan de crecer. Describiré algunas de las cosas que hay que vigilar:

- Algunos líderes piensan que no necesitan crecer. El problema fundamental en este caso es el orgullo. Piensan que ya han llegado y que no hay nadie que pueda enseñarles más.

- Algunos no ven su futuro de forma muy clara, por lo que no ven la necesidad de avanzar hacia él.

- Algunos adoptan la actitud de *"ya he hecho eso, y ya he estado allí".*

- Algunos simplemente no están interesados.

- A algunos les atemoriza convertirse en algo desconocido. Su cargo actual les produce una sensación de seguridad y comodidad.

- A algunos les asustan los cambios y la disciplina que conlleva el crecimiento y por eso se niegan a comprometerse con el proceso.

- Algunos no logran conseguir nada a través de libros, audios, ni de escuchar a personas exitosas.

- A algunos jamás se les muestra en qué áreas deben mejorar.

- Algunos piensan que se trata de un largo y duro proceso, y tienen razón, lo es. Es un proceso y toma tiempo.

La gallina de los huevos de oro

Cuando pienso en el liderazgo, siempre viene a mi mente la fábula de Esopo, *La gallina de los huevos de oro.* Es la historia de un pobre campesino que, al visitar el nido de su gallina encuentra un huevo amarillo brillante. Al principio, piensa que se trata de alguna broma y va a desecharlo, pero después de pensarlo mejor decide llevarlo a casa. Para su sorpresa, descubre que el huevo es de oro sólido.

A medida que recolecta los huevos que pone su gallina especial, se vuelve cada vez más rico. Pero mientras su fortuna crece, el hombre se vuelve ambicioso e impaciente. Anhelando conseguir todo el oro de una vez, mata a la gallina, la abre y encuentra... absolutamente nada. La moraleja de la fábula es: la idea de que uno puede crecer de una sola vez es falsa, destructiva y sólo lleva a perder en lugar de ganar. Lo que nos lleva a crecer es la actividad y la disciplina, el empeño y el auto examen constante.

El liderazgo y la lectura

Sé que ya lo he dicho antes, pero los líderes deben ser buenos lectores. El líder efectivo debe continuar leyendo y acumulando una reserva de sabiduría para los tiempos difíciles. Para crecer, los líderes necesitan leer. La persona que puede leer pero no lo hace, no tiene ninguna ventaja sobre la persona que no sabe hacerlo. Leer es necesario, y no sólo porque a través de la lectura aprendemos verdades y las experimentemos, sino porque dejamos que las cosas que leemos nos invadan.

El espacio más grande en el mundo es el espacio para el crecimiento. Y la forma de mejorar es crecer. En este libro he enlistado muchas áreas en donde los líderes necesitan crecer. Hemos echado un vistazo a la motivación, las habilidades con las personas, la vida de familia y las relaciones interpersonales. Si usted realmente quiere convertirse en el líder que puede ser, entonces permítase crecer. Crezca y avance del logro al propósito, y finalmente al éxito como persona y como líder relacional efectivo.

Mis mejores deseos,

Pat Mesiti